C’est pas juste !
Comment gérer les conflits entre frères et sœurs

Du même auteur

Conflits parents-enfants : comment maintenir le dialogue, Flammarion, 1996.

Savoir l'entendre, savoir l'aimer, J'ai Lu, 1994.

Nancy Samalin

avec la collaboration de Catherine Whitney

C'est pas juste !

Comment gérer les conflits entre frères et sœurs

Flammarion

Traduit de l'américain par Isabelle Taudière
et Régine Cavallaro

Titre de l'édition originale :
Loving Each One Best – A caring and practical approach to raising siblings,
publiée par Bantam, New York

ISBN : 2-0820-1022-8
Imprimé en France

A Sy,
qui depuis plus de trente ans ne cesse de
m'apporter toujours plus, avec une chaleur et
un amour inconditionnels.

Et à Eric et Todd, qui nous en ont appris
plus long que quiconque sur les joies et les
difficultés des relations fraternelles. L'amour
et le respect qu'ils se vouent cimentent notre
famille et nous rappellent jour après jour
combien nous avons eu raison
de faire plusieurs enfants.

TABLE DES MATIÈRES

Chapitre I

QUAND LA FAMILLE S'AGRANDIT

« Les parents enseignent à la plus rude école du monde : l'école de la vie. Ils sont à eux seuls le conseil d'établissement, le principal, le prof et le gardien. Quant à trouver un consensus sur le programme, c'est une autre paire de manches ! Ils travaillent 24 heures sur 24, 365 jours par an, pendant un minimum de 18 ans par enfant. »

Virginia Satir

Mon fils Éric n'avait que trois mois quand je m'aperçus que j'étais peut-être à nouveau enceinte. Catastrophée, je me précipitai dans un laboratoire pour faire un test de grossesse. Un phénomène curieux se produisit pendant que j'attendais le résultat : quand on m'apprit que j'étais bel et bien enceinte, au lieu de m'effondrer, je me sentis envahie d'une immense joie. J'avais toujours voulu avoir deux enfants, même si je ne m'attendais pas à ce qu'ils soient si rapprochés. Soudain, l'idée me transporta : nous ne serions plus un couple avec un enfant, mais une véritable famille. Souvent, au cours des neuf mois de ma grossesse, je me surpris à rêver aux doux moments que nous allions vivre tous ensemble. Je me représentais deux enfants qui s'adorent, deux copains pour la vie qui allaient grandir ensemble, partager des secrets et se défendre mutuellement, en somme deux êtres unis comme les doigts de la main.

Face à la réalité, je déchantai vite. Je n'étais pas du tout préparée au nouveau défi que représentait le fait d'élever deux enfants : la pression supplémentaire, l'épuisement, le sentiment de devoir arrondir les angles à chaque dispute et la crainte qu'ils ne parviennent jamais à s'aimer. Je détestais le son de ma voix lorsque je vociférais mes ordres, lorsque j'étais constamment sur leur dos ou que j'implorais un moment de paix. Le monde harmonieux que j'avais vu en rêves avait cédé la place à une vie de famille minée par une guerre quotidienne.

Bien entendu, la coupable dans tout ça, c'était moi. Si j'avais été une meilleure mère, j'aurais su leur apprendre à s'aimer davantage et à ne pas se chamailler constamment. Longtemps, je ne me suis pas sentie à la hauteur. Si seulement j'avais été mieux informée de la dynamique des relations fraternelles, j'aurais compris que les rivalités, les conflits et la compétition sont inévitables. Bref, un comportement on ne peut plus sain, à la base de toute relation entre enfants d'une même famille.

Contrairement à ce que je redoutais, les disputes d'enfants d'Éric et de Todd n'ont pas débouché sur une haine farouche entre les deux frères. Bien au contraire : mes fils sont maintenant deux jeunes adultes qui ont très bien su dépasser leur rivalité de jadis et s'entendent à merveille. Pas une seule de mes craintes n'était fondée. Mieux encore, le lien qui les unit a considérablement enrichi leur vie. Bien avant qu'ils aient atteint l'âge adulte, ils étaient devenus les meilleurs amis du monde et le sont encore aujourd'hui. Bien qu'ils vivent dans une ville différente, ils se parlent presque chaque jour au téléphone. Les voir si proches l'un de l'autre me procure une énorme satisfaction. Quand je repense à toutes ces années passées à m'inquiéter, je me dis que j'ai dépensé beaucoup d'énergie pour rien.

Lorsque l'on m'a proposé d'écrire un livre sur l'éducation de plusieurs enfants, je me suis aussitôt demandé s'il existait véritablement des réponses à tous les problèmes et à la complexité que représente une relation fraternelle. Les parents avaient-ils vraiment besoin d'un livre sur le sujet ? N'étaient-ils pas déjà submergés par des tonnes de guides et de recommandations ? Pourtant, à mesure que je leur en parlais, je fus surprise de voir à quel point ils se passionnaient pour la question. Ils manifestèrent une soif inextinguible de conseils pratiques et de solutions nouvelles.

Beaucoup se disaient étonnés ou déçus, comme je l'avais été moi-même, de ne pas être devenus de véritables « experts » après leur premier enfant. Malgré l'arrivée du deuxième, du troisième, voire du quatrième bambin, ils manquaient toujours autant d'assurance. L'idée d'un livre qui les aiderait à surmonter leurs inquiétudes les ravissait. Tous m'ont confié qu'ils avaient été surpris de constater à quel point leur rôle pouvait changer à mesure que la famille s'agrandissait. Ils ne se sentaient pas du tout préparés à une telle évolution et étaient totalement déroutés par le surcroît de travail et les nouvelles décisions qui s'imposaient. Et surtout, ils se rendaient compte à quel point chaque enfant est unique et complexe.

Certes, un tel livre serait d'une grande utilité mais l'ampleur de la tâche m'effrayait. Où trouver des réponses à l'anarchie et au stress provoqués par les sempiternelles questions et chamailleries de nos chers petits ? Que pouvais-je dire aux parents pour alléger leur fardeau, leur fournir des outils pratiques et leur apporter soutien et espoir ? Je me rendais compte qu'ils étaient à la recherche de quelque chose de beaucoup plus profond qu'un simple recueil de recettes miracles. Ils voulaient de *vraies* réponses capables de résoudre des problèmes concrets. Lors de toutes mes réunions avec des groupes de parents, les langues se déliaient dès que je soulevais la question des relations entre frères et sœurs. Et ils passèrent aux aveux :

- Une mère se cachait pour allaiter son bébé car elle avait peur que l'aînée de six ans soit jalouse ou se sente abandonnée.
- Une autre fut consternée de voir son cher ange se transformer en véritable monstre à la naissance du petit frère. Ils avaient à peine quitté la maternité que le bébé avait déjà des bleus !
- A force de travailler le jour et de pouponner la nuit, une maman ne trouvait plus aucun attrait à son rôle de mère.
- Un père était rongé par un « terrible secret » : il avait une préférence pour son troisième.
- Une mère de quatre enfants avait le sentiment de passer pour la cinquième roue du carrosse : « C'est toujours tout pour eux, et rien pour moi », expliquait-elle d'une voix lasse.
- Une maman avait fondu en larmes lorsque son fils lui avait avoué un jour : « Je déteste ma sœur. Je la déteste ! »
- Un papa crut défaillir lorsqu'il vit sa fille de quatre ans tenter d'étrangler son petit frère de deux ans.

- Une mère ne se consolait pas de l'intimité perdue entre elle et son aîné.
- Un père admettait que, depuis la naissance du troisième, il restait tard au bureau pour éviter l'enfer à la maison.
- Une mère, qui avait été fille unique, était horrifiée devant ses trois enfants qui n'arrêtaient pas de se battre et de se disputer.

Mais l'humour était aussi au rendez-vous :

- Une mère dut faire une croix sur tellement de choses que son but dans la vie était devenu « cinq vraies minutes à elle dans la salle de bains ».
- Pour son septième anniversaire de mariage, un couple s'était offert un dîner aux chandelles des plus romantiques : un reste de pizza froide après le coucher des enfants !
- Une mère nous avoua : « Mon aîné sera sûrement nutritionniste quand il sera grand, mais le troisième a su dire "McDo" avant "dodo" ».

Cependant, que l'on regarde les choses avec humour ou pas, le message reste le même : à partir du deuxième enfant, beaucoup de parents reconnaissent qu'ils frôlent bien souvent le point de rupture. Ne nous y trompons pas : ils vivent aussi de grands moments de joie et beaucoup de bonheur. J'ai rarement rencontré un père ou une mère qui regrette d'avoir plusieurs enfants. Mais bien souvent, les satisfactions sont comme émoussées par la frustration, les déceptions, la fatigue et l'incontournable culpabilité. Tous cherchent désespérément à savoir s'ils peuvent changer un tel état de fait et, si oui, comment.

Le deuxième, une bonne idée ?

De nombreux parents m'ont confié leur angoisse lorsque la question du deuxième s'est posée. Ils ont longuement pesé le pour et le contre mais sont finalement arrivés à la conclusion que le plus beau cadeau qu'ils pouvaient faire à leur aîné était de lui donner un petit frère ou une petite sœur. Ils avaient la tête pleine d'exemples de familles heureuses, celles des séries télévisées ou de leurs idéaux de jeunesse. Nombreux ont été déçus de voir qu'ils étaient loin de ressembler à la famille de leurs rêves. Bien souvent, leur propre enfance avait été bercée de taloches et de hurlements, et ils s'étaient jurés de ne surtout pas reproduire les erreurs de leurs parents. Mais comme me l'avouait tristement une mère : « Lorsque je crie sur mes enfants, c'est la voix de ma mère que j'entends. Comment ai-je pu tomber aussi bas ! J'étais beaucoup plus calme, je me contrôlais mieux quand je n'en avais qu'un ».

Presque tous les parents que j'ai rencontrés ont pris la décision d'avoir un autre enfant parce qu'ils voulaient former une famille plus solide, plus chaleureuse et plus vivante. Beaucoup n'avaient pas l'impression de former une « vraie » famille tant qu'ils n'avaient qu'un seul enfant. Mais à mesure que la famille s'agrandissait, ils se surprenaient à rêver avec nostalgie à un quotidien un peu moins… « vivant »… Leurs enfants réclamaient toujours plus d'attention, ne cessaient de se houspiller, de se traiter de tous les noms ou de se taper dessus – et par la même occasion sur les nerfs des pauvres parents, usés et incapables d'intervenir efficacement.

Je me suis finalement rendu compte que personne n'avait jamais vraiment été à l'écoute de tous ces parents – et moins encore les prétendus « experts » qui noircissent les colonnes des magazines et des ouvrages spécialisés. Qui ne s'est pas précipité sur les articles et manuels qui lui tombaient sous la main pour préparer l'aîné à l'arrivée de bébé ou gérer les rivalités entre frères et sœurs ? Rien de tel pour perdre confiance en soi ! « En général, les conseils que je lis ne font que m'enliser dans ma culpabilité, m'expliqua un jour une maman. A force de m'entendre dire et rabâcher qu'une bonne mère doit être aimante, attentionnée, à l'écoute et pleine de tact, je finis par me dire que je ne serai jamais à la hauteur ! Et pour peu que je sois énervée ou fatiguée, je suis à deux doigts de jeter le bébé avec l'eau du bain ! Et dans ces moments-là, oubliés tous les bons conseils ! »

En fait, les ouvrages de psychologie familiale restent en majorité centrés sur l'enfant. Ils accordent très peu de place aux parents et ne leur proposent rien pour exprimer ou gérer leurs émotions « défendues ». On reconnaît trop rarement les énormes sacrifices auxquels ils consentent. Les gens qui n'ont pas d'enfants ou dont les enfants sont déjà grands ne se rendent pas compte à quel point il est difficile d'être un bon père ou une bonne mère. Lorsque nos angelots sont possédés du démon, c'est nécessairement notre faute, et l'on essuie des regards noirs et les soupirs exaspérés… « Elle pourrait tout de même le dresser, ce sale gosse », semblent-ils nous dire. J'ai souvent songé à l'extraordinaire quantité de travail, de temps et de patience qu'il faut pour élever ne serait-ce qu'un enfant. Rien de surprenant à ce qu'au deuxième, voire au troisième, on dépasse aussi facilement les seuils de tolérance.

Car en fin de compte, être parent c'est avant tout consentir à un certain renoncement de soi au profit de ces petites créatures sans défense qui dépendent totalement de nous. Or, leurs besoins sont absolument contradictoires avec les nôtres : ils ont besoin de mettre la maison sens dessus dessous, nous aspirons à l'ordre et à la propreté ; ils exigent beaucoup d'attention, nous rêvons de moments de solitude ; ils aiment le bruit, nous, le calme et la tranquillité ; ils adorent traînasser, rêver, explorer et poser mille et une questions, plus embarrassantes les unes que les autres… alors que nous devons nous dépêcher, nous organiser, planifier, arriver à l'heure… et chercher les réponses dans l'encyclopédie. Être un bon père ou une bonne mère revient en fait à gérer au mieux ces conflits d'intérêt – et la tâche est parfois difficile.

Les parents sont rarement indulgents vis-à-vis d'eux-mêmes. Pourtant, le défi qu'ils ont à relever est titanesque. En ont-ils seulement conscience ? Si peu… Ils ont plutôt tendance à mettre en doute leurs capacités : en faisons-nous assez ? Réussirons-nous à bien les élever ? Comment leur donner toutes leurs chances ? Que leur offrir de plus ?

Nous nous sommes tous laissés assaillir par la culpabilité et, à partir du deuxième, bien d'autres tourments viennent s'y greffer. A commencer par la nostalgie de l'époque où nous n'étions que trois à la maison. La vie nous semblait alors tellement plus équilibrée, tout était encore luxe, calme et volupté… Désormais, dans les moments les plus noirs, nous en sommes à nous demander quelle mouche nous a piqués à vouloir former une famille nombreuse. Nous étions pourtant de bons parents lorsqu'il n'y en avait qu'un… Et patatras, tout notre beau système s'effondre, retour à la case départ. « Où sont donc passés mes talents de mère ? se désole une jeune femme à bout. Il fut un temps où je croyais être une maman formidable ».

Il m'est arrivé de rencontrer des parents si durs envers

eux-mêmes que la première fois qu'ils ont senti monter la colère, ils ont failli se dénoncer à la DDASS. Certains couples ont tellement rêvé d'avoir un enfant qu'ils sont totalement décontenancés de voir à quel point le fruit de leurs entrailles peut parfois les faire enrager. Leur première grosse fureur les tétanise, et ils ont tous les maux du monde à se remettre de l'implacable « Je vous déteste ! » que leur jette au visage leur tendre progéniture. Ils n'ont pas encore compris que tout l'amour qu'ils portent n'est en rien un garde-fou contre la colère. Autre écueil : l'épuisement. Après avoir attendu six ans avant de faire le deuxième, ce couple comblé découvrit les affres des nuits blanches : bébé continuait à vagir dans les bras de papa qui usait ses semelles sur la moquette, tandis que l'aîné retrouvait son âme de nourrisson et réclamait maman à cor et à cri. Faute de sommeil, papa et maman devinrent irritables et amers et ne rêvèrent plus que d'une chose : se retrouver seuls, au moins l'espace d'un instant. Face à ce désastre, l'inévitable doute surgit : et s'ils avaient eu tort ? Qu'ils se rassurent, tout parent digne de ce nom se pose un jour ou l'autre la question.

Quand mes fils étaient petits, je cherchais constamment à prouver à ma mère – plus ou moins consciemment – que j'étais moi-même une mère formidable, et bien meilleure qu'elle ne l'avait été. Ce petit jeu ne manquait jamais de se retourner contre moi. En présence de ma mère, je voulais que mes enfants soient parfaits, afin que l'on puisse dire que j'étais une mère exemplaire. Évidemment, Todd et Éric prenaient un malin plaisir à me dépiter. A croire que les enfants ont un sixième sens pour ce genre de choses ! Ils étaient tout simplement odieux : ils pleurnichaient à tout bout de champ, se cramponnaient à mes jambes. Plus j'essayais d'en faire des enfants modèles, plus il se rebiffaient. Ils voyaient bien que je me servais d'eux, que j'en faisais des pantins en voulant leur attribuer un rôle. Pas question pour eux d'accepter un tel chantage. J'ai mis des années à comprendre que j'essayais ainsi, à travers mes fils, d'améliorer l'image que j'avais de moi-même. Pourquoi étais-je si désireuse d'apparaître comme la mère idéale ? Qu'est-ce que je cherchais à prouver ? Que j'étais à la hauteur. Et à qui ? A ma mère, bien entendu, mais aussi à moi-même, car en fait j'étais très loin d'en être aussi sûre. C'est ce sentiment d'insécurité que je retrouve chez de nombreux parents qui participent à mes ateliers et à mes conférences.

TOUS LES PARENTS EN BAVENT, GARDEZ L'ESPOIR !

Tous les conseils que ce livre peut vous offrir me viennent de l'expérience des parents que j'ai rencontrés. Après vingt années passées à diriger des séances de groupe, je me suis aperçue que le meilleur soutien que l'on puisse trouver, c'est celui de parents qui se trouvent dans la même situation que nous. Une mère qui croule sous les obligations familiales peut commencer à en rire lorsqu'elle en entend une autre parler des mêmes problèmes avec humour. Celle qui se sent obligée d'intervenir chaque fois que ses enfants se chamaillent se sentira soulagée d'apprendre qu'une autre mère se déclare totalement « imperméable » aux disputes. Certains parents se plaignent de ne plus avoir assez de temps pour leurs loisirs, entre les montagnes de linge sale à trier, les piles d'assiettes qui s'accumulent dans l'évier, leurs huit heures de bureau et le téléphone qui n'arrête pas de sonner. Peut-être seront-ils tentés d'imiter ceux qui préfèrent s'accorder de brefs moments de répit pendant la journée.

Même si ce qui marche pour l'un peut ne pas marcher pour l'autre, il y a toujours quelque chose à tirer de ces expériences mises en commun. Aucun enfant ne vient au monde avec un mode d'emploi, mais rien n'interdit aux nouveaux parents de s'inspirer des expériences de leurs compagnons d'infortune. Aucun manuel ne vous expliquera la marche à suivre quand un deuxième, un troisième, voire un quatrième enfant débarque dans la famille, mais on peut puiser de l'aide, du réconfort, de l'inspiration et des informations auprès de ceux qui sont déjà passés par là. Je ne prétends pas vous dire ce qu'il *faut* faire et je ne vous offre pas non plus de recettes miracle. Ce livre fourmille cependant de méthodes et de ficelles qui ont fait leurs preuves et aidé bien des familles. Je me contente de mettre à la disposition des lecteurs un immense réservoir d'idées constitué par des parents, seuls vrais experts en la matière.

Cet ouvrage est le fruit de nombreux ateliers – auxquels ont aussi participé des enfants –, de conférences et de séminaires, ainsi que de questionnaires auxquels ont répondu des centaines de parents. Que les plus désespérés d'entre vous se rassurent ! Soyez certains que la plupart de vos problèmes ont une solution.

J'espère que ce livre saura vous inspirer et vous permettra de vous sentir moins isolé. Dans les moments difficiles, pensez aux témoignages de tous ces parents et dites-vous bien que vous n'êtes pas seul.

Le simple fait que vous lisiez ce livre montre déjà que vous êtes un parent attentionné, désireux d'offrir à vos enfants le meilleur de vous-même. Malgré toutes les joies et les satisfactions que peuvent nous apporter nos jolies têtes blondes, tout parent responsable connaît un jour l'épuisement, la culpabilité, la frustration et la contrariété.

Parents de famille nombreuse, ne désespérez plus ! Vous allez découvrir au fil des pages de nouveaux moyens de gérer certains des côtés les plus agaçants ou les plus déroutants de votre vie de famille :

- Faire accepter votre joli poupon quand son arrivée remet en question la souveraineté des plus grands.
- Éviter les drames du matin, du coucher… et du reste de la journée.
- Vous ménager du temps pour vous sans vous sentir coupable.
- Trouver des stratégies imparables pour impliquer davantage les papas.
- Adopter des solutions concrètes quand les enfants se disputent, s'insultent et se battent.
- Vous montrer « équitable » tout en respectant les différences.
- Accorder du temps à chacun et mettre en valeur son unicité au lieu de les considérer comme un ensemble un peu flou, communément appelé « les enfants ».
- Gérer les inévitables colères sans perdre totalement votre sang-froid.
- Conserver votre sens de l'humour, même dans les moments les plus difficiles.

J'ai pu constater, en écrivant ce livre, que les parents accomplissent parfois de véritables prodiges lorsqu'ils décident de changer de stratégie. J'ai souvent été impressionnée par leurs étonnantes facultés d'adaptation et par l'ingéniosité de leurs trouvailles. Dans bien des cas, quelques mots d'encouragement ou une simple suggestion entre parents peuvent soulever des montagnes.

Un après-midi vers cinq heures (« l'heure fatidique » bien connue des parents), je décidai de faire une pause et d'aller au supermarché. Arrivée aux caisses, je pris ma place dans la file derrière une femme et ses deux enfants qui se disputaient un jouet. Soudain, l'un s'en empara brusquement et l'autre se mit à hurler désespérément. Tout le monde contemplait la scène et la mère à l'agonie tentait vainement de les calmer. Elle me regarda d'un air abattu, comme pour s'excuser. « Je sais ce que c'est, lui dis-je en souriant. J'ai vécu exactement la même chose quand mes fils avaient leur âge. Par moments, j'ai même cru qu'ils allaient s'entre-tuer, mais si ça peut vous consoler, depuis qu'ils sont adultes, ce sont d'inséparables compères. » Son visage s'éclaira. En lui expliquant que j'étais moi aussi passée par là, je l'avais aidée à se sentir moins embarrassée et lui avais redonné un peu de confiance en l'avenir. En rentrant chez moi, je réalisai tout à coup que c'est dans les moments où l'on s'y attend le moins, alors qu'on se trouve dans les pires situations, que l'on reçoit parfois un petit coup de pouce extérieur qui change la vie. Il ne me restait plus qu'à rassembler tous ces instants de réconfort et les offrir aux parents que vous êtes. Je vous livre à présent le fruit de mon travail.

Chapitre 2

L'ARRIVÉE DU DEUXIÈME

« Tu ne peux même plus me prendre sur tes genoux !
Le bébé prend toute la place et il n'est même pas né. »

Martha Alexander
Quand le bébé arrive, je déménage

Le premier enfant, naturel ou adopté, est toujours enfant unique pendant un certain temps – à moins qu'il n'ait un jumeau. Et pour les parents, l'expérience est tout aussi unique. C'est une nouvelle aventure qui s'annonce, irremplaçable et parfois terrifiante. Du couple, on passe à la famille et, partant, à la découverte de l'enfant. Dans l'esprit de bien des parents, une fois ce cap passé, la famille trouve sa vitesse de croisière. Tant qu'il n'y a qu'un enfant, c'est peut-être vrai, mais l'arrivée du second soulève une houle soudaine… et vogue le navire ! En dépit de toutes les précautions que l'on peut prendre, l'aîné aura toujours du mal à admettre le nouveau venu. Pour lui, c'est un intrus qui menace sa souveraineté auprès des parents. Inutile de tenter de l'amadouer en lui expliquant que c'est pour son bonheur qu'on lui donne un frère ou une sœur. Mettez-vous à sa place : imaginez que votre mari vous annonce qu'il vous aime tant qu'il a décidé de prendre une seconde épouse. « Bien sûr, elle sera un peu plus jeune et un peu plus jolie que toi, mais je suis certain que vous allez bien vous entendre toutes les deux. Tu pourras partager tout ce que tu aimes avec elle, même moi. Alors, heureuse ? »

Quand l'aîné fait de la résistance

Éric n'avait qu'un an lorsque je suis rentrée de la maternité avec Todd. Je n'oublierai jamais ce moment : lorsque j'ai voulu l'embrasser, il s'est raidi et m'a repoussée. Je n'en revenais pas. Dans son esprit, j'étais impardonnable : non seulement je l'avais abandonné pendant plusieurs jours, mais j'avais le toupet de revenir avec quelqu'un d'autre. Il n'y avait là vraiment pas de quoi se réjouir et l'événement n'était heureux que pour nous, les parents.

Les enfants sont en effet très pragmatiques. Tout, pour eux, est quantifiable. L'amour comme les bonbons. N'allez pas leur raconter que quand il n'y en a plus, il y en a encore, car dès que le bébé accaparera votre attention, ils verront bien que vous n'avez plus le temps de vous occuper d'eux. C'est donc bel et bien un rival.

Habitué à régner sans partage, un aîné voit toujours d'un mauvais œil l'arrivée de la concurrence. L'anecdote d'Anna est à cet égard très éloquente : « Je me suis rendu compte de la détresse du grand, Quentin, un jour où le petit était particulièrement exigeant.

« Tu sais, mon petit Quinquin, je suis aussi la maman de Christophe.

— Et papa, c'est aussi le papa de Christophe ? répliqua-t-il stupéfait.

— Mais bien sûr."

Terrassé, il fondit en larmes et fut longtemps inconsolable ».

Lorsque Régine attendait son deuxième enfant, elle déploya des trésors d'ingéniosité pour préparer Irène à l'arrivée du petit frère, passant avec elle de longues soirées câlines à lire des histoires de bébés. Elle alla même jusqu'à l'inscrire à des ateliers spécialisés organisés par des pédopsychiatres. Quelque temps avant le jour J, toutes deux préparèrent la chambre de bébé et Régine offrit un poupon à sa fille. Elle ne manquait pas une occasion de lui dire combien elle l'aimait et l'aimerait toujours. Irène réagissait très bien. Elle adorait poser la main sur le ventre de sa mère et sentir bouger le bébé, à qui elle tenait de grands discours. « J'étais ravie et rassurée de la voir si enthousiaste, se souvient Régine. Son bonheur rejaillissait sur moi. »

Mais dès qu'elle revint à la maison avec Nicolas, tout bascula : « En fait, ni l'une ni l'autre n'étions préparées aux nouvelles contraintes qu'allait nous imposer la présence d'un bébé. Au début, j'étais épuisée, et Irène m'en voulait terriblement de ne pas être plus disponible pour jouer avec elle. Avant la naissance de Nicolas, j'étais toute à elle. Autant la préparation de l'heureux événement nous avait amusées, autant la réalité ne nous amusait plus du tout. Dès que je m'occupais de Nicolas – et Dieu sait qu'il me sollicitait – Irène se sentait lésée. » Pour ne rien arranger, Irène piquait des colères et se désintéressait royalement de son petit frère. A son maître qui lui en demandait des nouvelles, elle répondit : « Peuh, il ne fait rien, à part dormir, pleurer et salir ses couches ! »

Régine avait espéré que sa fille reviendrait à de meilleurs sentiments en voyant grandir son frère, mais à l'indifférence succéda l'exaspération : « Les choses se sont gâtées quand Nicolas a commencé à ramper. Irène ne supportait pas qu'il vienne la déranger. Et comme de bien entendu, c'est toujours vers elle qu'il se précipitait. Un jour qu'elle finissait une construction en Lego, il a foncé vers elle et s'est écroulé sur son œuvre. Irène était tellement furieuse qu'elle a failli le mordre. Et je crois que si je n'étais pas passée par là par hasard, elle ne se serait pas gênée. »

Peu à peu, elle devint boudeuse et prit la mauvaise habitude de répondre, à la maison comme à l'école. « J'avais l'impression que son père et moi étions les deux seules personnes au monde qui comptaient pour elle, et qu'elle craignait que nous ne la délaissions pour Nicolas. De plus, son petit frère avait précisément toutes les qualités qu'elle n'avait plus : il était tranquille, souriant et sans problèmes. »

Voilà qui témoigne bien de la difficulté à faire admettre un nouveau venu dans la famille, fût-elle la plus unie et la mieux préparée qui soit. Comment en effet parer à toutes les éventualités ? Impossible, comme l'ont confirmé, après Régine, des dizaines de parents. Comme l'explique la psychologue Alice Lieberman, l'intrusion du numéro deux est douloureuse au quotidien pour l'aîné : « Il doit maintenant attendre davantage pour que l'on s'occupe de lui. Il se retrouve plus souvent seul. Il se fait gronder à cause du bébé. Plus question d'aller à la piscine, au parc ou de jouer avec papa et maman, qui n'ont d'yeux que pour le petit nouveau. On ne peut plus rien faire à l'improviste, tout doit être planifié en fonction du bébé et il faut des heures pour le préparer. Au bout du compte, le grand perdant, c'est l'aîné. » Bien entendu, plus la différence d'âge est grande, plus l'aîné est autonome et mieux il gère la situation. Mais cela dépend tout autant de sa maturité, de son caractère et de la façon dont vous vous y prenez. Ici encore, il n'existe aucune règle.

Les réactions d'un enfant à qui on annonce la venue d'un bébé sont parfois imprévisibles. Si nous sommes préparés aux effusions de joie, nous sommes en revanche désarmés face au mur du rejet. Isabelle se félicitait de l'entente apparente qui régnait entre ses enfants :

« Tu l'aimes bien, ton petit frère, n'est-ce pas Marie ? Il est tellement mignon.

— Mouais, mais on pourrait peut-être descendre son berceau à la cave, à côté de la litière du chat. »

Lorsque Claire annonça à son fils de sept ans qu'elle était enceinte, elle ne s'attendait pas à une réaction aussi violente : « Papa et moi t'avons préparé une jolie surprise. Tu vas avoir un petit frère, un joli bébé tout rose !

— J'aime pas les bébés, d'abord. Ça sent mauvais et ça fait caca partout ! »

Il arrive également qu'un aîné dissimule sa rancœur sous des attentions faussement bienveillantes. Eve surprit ainsi sa petite fille de quatre ans qui jouait allègrement à ensevelir son petit frère de deux mois sous une pile d'oreillers.

« Mais qu'est-ce que tu fais ? Tu es folle, tu vas le tuer ! s'exclama-t-elle horrifiée en soulevant les coussins.

— Il ne voulait pas dormir. C'est juste pour le calmer et qu'il ait bien chaud », balbutia la petite entre deux sanglots.

Quelles que soient les précautions que vous preniez pour annoncer la nouvelle, votre bambin aura toujours du mal à avaler la pilule. Sa première réaction peut être trompeuse. N'oubliez pas que les enfants ont une imagination débridée ; dès qu'ils auront réalisé ce qui les attend, ils s'inventeront les scénarios les plus fous. Yvonne n'avait pas soupçonné une seconde qu'Hélène puisse pousser un raisonnement aussi loin : « Nous lui avons annoncé la nouvelle au bout de quatre mois. L'idée n'avait pas l'air de lui déplaire, mais un jour, en rentrant de l'école, elle faisait une drôle de tête. Je l'ai prise sur mes genoux :

"Qu'est-ce qui ne va pas, ma chérie ?

— Rien…

— Tu as l'air toute triste.

— C'est parce qu'il va falloir que je trouve une nouvelle famille.

— Ah bon, mais pourquoi ?

— Parce que tu te remaries et que tu vas avoir un autre bébé."

J'ai été totalement prise au dépourvu par cette pirouette. Elle avait brodé sur cette naissance qui, dans son esprit, était nécessairement liée au mariage. Après tout, on se marie, on fait un enfant. L'équation était simple pour elle : si j'avais un autre enfant, cela signifiait que je prenais un autre mari et que, du même coup, je l'abandonnais. Cette logique ne m'avait pas effleurée, et avec son père, nous nous empressâmes de la rassurer. Mais l'anecdote m'a montré à quel point un enfant peut être vulnérable face aux décisions des adultes. »

L'INÉVITABLE JALOUSIE

La transition semble se passer le mieux du monde, votre aîné est parfaitement préparé… Ne criez pas encore victoire. Tout n'est pas joué, car les enfants ont le chic pour interpréter de façon extraordinairement alambiquée les données les plus simples. Si vous croyez qu'il a compris, il peut encore vous surprendre. Une maman me confia ainsi son désarroi : « Lorsqu'il a appris qu'il aurait bientôt une petite sœur, mon fils avait l'air ravi. Nous sommes allés voir des amis qui venaient d'avoir un bébé, et ce petit bout de chou le fascinait littéralement. Quand sa petite sœur est née, c'est lui qui a choisi le prénom et tous ses premiers jouets. Je lui avais bien expliqué que, quoi qu'il arrive, il serait toujours mon petit garçon à moi. Il n'a jamais manifesté la moindre inquiétude, mais un beau jour il m'a demandé à brûle-pourpoint pourquoi j'avais éprouvé le besoin de faire une petite fille. "Je ne te suffisais plus ?" ».

Armelle, quatre ans, accueillit très bien son petit frère Valentin, mais quelques mois plus tard, le cœur n'y était plus. La maman s'était réjouie un peu tôt : « La première fois qu'elle a vu le bébé, elle ouvrait de grands yeux étonnés et débordant de tendresse. Nous n'avons pas résisté au plaisir d'immortaliser cet instant sur la pellicule. Nous tenions notre carte de Noël. Bien nous en a pris car à l'époque des fêtes, l'enthousiasme était retombé. Armelle ne se départait pas de son air renfrogné et ne supportait plus son frère. »

En tant que parents, nous avons du mal à admettre ces rivalités. C'est surtout l'aîné qui en souffre, dans la mesure où il est le seul à avoir bénéficié du monopole de l'affection de ses parents. « Mon cadet a toujours été très partageur, confiait une maman. Cela s'explique sûrement par le fait qu'il n'a jamais été enfant unique. Je commence à comprendre que l'aînée a eu l'impression d'avoir perdu ses privilèges, alors que le petit n'a aucun point de comparaison et donc aucune raison de se sentir lésé. »

Anne-Françoise a été frappée par la simplicité avec laquelle son deuxième a accueilli le benjamin : « Lorsque Victor est né, Alix n'a éprouvé aucune jalousie, alors que Pierre-Emmanuel avait été odieux en voyant arriver Alix. C'était vraiment le jour et la nuit. Si Alix était aussi contente, c'est parce qu'elle avait déjà un certain esprit de groupe. »

Comment préparer le terrain

Vous connaissez votre enfant mieux que quiconque. A vous donc de découvrir les arguments, les astuces, les petites surprises et les attentions qui combleront ses attentes et sauront lui faire admettre la venue d'un nouveau membre de la famille. Faut-il le préparer psychologiquement ou laisser faire ? Dans un cas comme dans l'autre, soyez certains que vous ne parerez jamais à toutes les éventualités et que ses réactions vous prendront certainement au dépourvu. N'y voyez pas un constat d'échec ; c'est au contraire l'occasion de lever des zones d'ombre insoupçonnées. Et surtout, faites profiter les autres de votre expérience. Aucune technique n'est infaillible, mais les idées que je vous propose ci-après sauront peut-être vous inspirer.

Annoncer la nouvelle

- Attendez le cinquième ou le sixième mois si l'aîné est encore petit : une échéance de sept à neuf mois serait trop longue à gérer pour lui.
- N'attendez pas trop longtemps non plus, au cas où l'enfant l'apprendrait par quelqu'un d'autre que vous.
- Répondez ouvertement à toutes ses questions : « Comment est-il entré dans ton ventre ? », « Par où sort-il ? », etc. Ne schématisez pas à outrance et évitez les histoires de cigognes, de choux et de roses.
- Ne cherchez pas à vous mettre à sa place avec des réflexions telles que « Tu vas adorer ta petite sœur ».

En attendant bébé

- Emmenez votre enfant avec vous aux consultations prénatales.
- Au besoin, inscrivez-le à des ateliers spécialisés de psychopédiatrie.
- Faites-le participer au choix du prénom.
- Allez rendre visite à de jeunes parents.
- Faites-lui sentir les coups de pied du bébé.
- Discutez avec lui de son futur statut de grand frère, en soulignant ses avantages et en insistant sur tout ce qu'un grand peut faire par rapport à un bébé.
- Ne lui présentez pas une image trop rose du bébé à venir. Aidez-le à comprendre qu'il lui faudra attendre quelques années avant de pouvoir en faire un camarade de jeux.
- Jouez à la poupée avec lui pour simuler des situations telles que le retour de la maternité.
- Montrez-lui son propre album de bébé en évoquant vos meilleurs souvenirs de sa naissance et du retour à la maison. Profitez-en pour vous extasier sur les progrès qu'il a effectués en grandissant : « Tu commençais à peine à te tenir debout, là ! Quand je pense que maintenant tu sais déjà faire du vélo ! »
- Laissez-le choisir un jouet pour le bébé.
- Faites-le participer à la préparation et à la décoration de la chambre de bébé. Installez le parc, la table à langer et le berceau assez longtemps à l'avance pour qu'il s'y habitue.
- Si vous envisagez de donner une chambre à chaque enfant, déménagez-le de sa « chambre de bébé » à sa « chambre de grand » avant l'arrivée du petit frère ou de la petite sœur.
- Lisez-lui des histoires sur l'arrivée de bébé. Les édi-

tions de livres pour enfants regorgent de superbes ouvrages sur le sujet.

- Montrez-lui la maternité où naîtra le bébé, de sorte qu'il sache où vous serez pendant les quelques jours où vous disparaîtrez pour accoucher.

En l'absence de maman ?

- Avant de partir à la maternité, enregistrez ses histoires préférées sur une cassette pour qu'il puisse entendre votre voix au coucher.
- Préparez-lui un cadeau que vous emmènerez à la maternité et que vous lui offrirez lorsqu'il viendra vous voir. A défaut, prévoyez plusieurs petits cadeaux ou mots que son papa lui donnera pendant votre absence.
- Emportez une photo de lui que vous placerez bien en évidence sur votre table de nuit avant qu'il ne vienne vous voir.
- Laissez-le prendre son petit frère ou sa petite sœur dans les bras dès que possible (assis par terre, pour éviter qu'il ne le laisse tomber).
- Appelez-le depuis la maternité et veillez à l'interroger sur ses activités et sur lui-même, au lieu de le submerger de commentaires sur l'adorable bébé qui vient de naître.

En rentrant de la maternité...

- En rentrant à la maison, confiez le bébé au papa et empressez-vous d'aller embrasser l'aîné.
- Encouragez-le à vous aider à donner le biberon, à changer les couches, à bercer le bébé, à lui donner le bain, à le prendre dans ses bras et remerciez-le ou félicitez-le systématiquement pour sa participation.
- Arrangez-vous pour que le papa s'occupe du grand

pendant que vous vous occupez du petit, et vice versa. Si vous êtes parent célibataire, profitez des moments où bébé dort pour vous consacrer entièrement à l'aîné ou essayez de faire garder le petit par des amis ou des voisins.

- Demandez-lui de dessiner un portrait du bébé que vous installerez près du berceau.
- Efforcez-vous de le mettre en valeur. S'il apprend la propreté, félicitez-le à chaque fois qu'il va sur le pot tout seul. Pour accaparer votre attention, il jouera sans doute au bébé et multipliera les bêtises. Ne vous laissez surtout pas exaspérer et résistez au démon de la correction !
- Évitez de rompre trop nettement avec les anciennes habitudes et préservez jalousement les petits rituels qui constituent des moments privilégiés dans votre relation (histoire du soir, jeux, etc.).
- Ne donnez au bébé aucun objet appartenant à l'aîné sans son consentement et laissez-le choisir les jouets et « doudous » qu'il souhaite lui céder.
- Ne tentez pas de le raisonner ni de le gronder lorsqu'il joue au bébé – aussi insupportable soit-il. Il finira par s'en lasser tout seul et par recouvrer sa précieuse autonomie.
- Encouragez-le à interpréter les pleurs et les désirs de bébé en le félicitant par de petits commentaires tels que : « Il n'y a vraiment que toi pour le comprendre aussi bien ! »

POUR ARRONDIR LES ANGLES...

Ces quelques suggestions vous seront sans doute précieuses pour faciliter la transition, mais rien ne dit que, malgré tous vos efforts, l'aîné admettra sans broncher l'arrivée de bébé. Peut-être s'évertuera-t-il à vous faire enrager par des comportements infantiles, une jalousie quasi maladive, ou un rejet pur et simple de « l'intrus ». A vous de gérer la situation sans vous départir de votre sang-froid.

Il s'identifie au bébé

Ne soyez pas surpris de voir l'aîné « retomber en enfance » au contact du bébé. Samuel n'avait que dix-huit mois à la naissance de Lise. Leur maman, Myriam, eut alors l'impression de se retrouver avec deux nourrissons sur les bras !

« C'est sans enthousiasme ni hostilité qu'il a accueilli sa petite sœur, mais dès qu'il m'a vue allaiter, il a voulu téter, lui aussi. A mon grand soulagement, il a trouvé mon lait parfaitement insipide. Avant la naissance, je lui faisais sentir les coups de pied, et en partant à la maternité, je lui ai offert une poupée pour que lui aussi ait son bébé à câliner. Il n'a pratiquement pas joué avec. Le plus difficile a été d'essayer de le rendre propre. Avec le recul, je me rends compte que je m'y suis mal prise : le moment était mal choisi, j'ai beaucoup trop insisté et je perdais patience pour un oui ou pour un non. C'est maintenant que je comprends qu'il avait peur de grandir et de perdre ses privilèges de bébé. Mais à l'époque, je pensais surtout à moi : je ne me voyais vraiment pas passer mes jours et mes nuits à changer des couches ! »

Pour exaspérant qu'il soit, ce phénomène de régression constitue un mécanisme de défense tout à fait légitime : puisque tout le monde se plie aux quatre volontés du bébé dès qu'il pleure et se précipite pour le consoler, autant l'imiter ! Tout compte fait, face à ce modèle, l'enfant se rend compte des désavantages qu'il peut y avoir à être « grand » et à devoir se débrouiller tout seul.

Patricia a su dissuader avec beaucoup de tact sa fille Anne qui, à six ans, s'évertuait à singer sa petite sœur : « Après la naissance, elle voulait que je l'habille tous les matins. C'était une façon de me demander de m'occuper un peu mieux d'elle, et j'ai cédé, mais elle a si bien pris goût à ce petit rituel qu'elle a fini par refuser de nouer le moindre lacet toute seule. Il était grand temps de mettre le holà, sans pour autant arrêter du jour au lendemain. Je lui ai donc proposé un compromis :

"Tu aimes bien que je m'occupe de toi comme d'un bébé, hein ?

— Ben oui…

— Et ça t'amuse de te faire habiller et de faire semblant de ne pas savoir te débrouiller toute seule ?

— J'aime mieux quand c'est toi qui m'habilles.

— J'ai une idée : nous allons choisir un jour par semaine où tu pourras faire semblant d'être un bébé. Ce sera notre ' jour bébé', et tu en profiteras pour te faire câliner. Mais le reste de la semaine, tu seras une vraie grande fille ? D'accord ?

— D'accord. Le mardi, on dirait que je suis un bébé, alors."

Tous les mardis, nous devenions ainsi complices de cette petite mise en scène qui nous amusait beaucoup. Anne a recommencé à s'habiller toute seule tous les autres matins, puis a fini par se lasser de son 'jour bébé'et par retrouver sa complète autonomie. »

Il se sent abandonné

Lorsque l'enfant unique devient grand frère ou grande sœur, il a besoin d'affirmer sa présence, voire sa supériorité sur le bébé. Une maman inspirée a trouvé le moyen de rassurer son fils : « Lorsque nous lisions une histoire ensemble, je me gardais bien de me précipiter vers la petite au moindre pleur, mais je demandais systématiquement son avis à Basile : “Qu’est-ce qu’on fait ? On la laisse pleurer un peu ?” C’est toujours lui qui proposait d’aller voir ce que Stéphanie voulait et, au bout de quelques mois, elle lui faisait plus de risettes qu’à n’importe qui d’autre. Il était aux anges. Il l’avait conquise, et elle lui donnait un rôle de premier plan au sein de la famille. »

Colette, pour sa part, a pris le parti de faire comprendre à sa « grande fille » de quatre ans qu’elle était bien plus facile à vivre que son petit frère. Un jour que bébé hurlait dans son berceau, elle força un peu son exaspération :

« “Oh, ce n’est pas vrai ! La sérénade recommence !

— Il nous énerve à pleurer comme ça ! Il a toujours faim !

— Vivement qu’il apprenne à se débrouiller tout seul et à aller chercher son biberon au frigo. Avec toi, au moins, on est tranquille. Tu sais même te servir sans rien renverser.

— Bien sûr ! Je suis grande, moi. Et je n’ai pas besoin de pleurer à tout bout de champ !

— Bah, après tout ce n’est encore qu’un bébé, le pauvre ! Que veux-tu que j’y fasse ?

— Ne t’en fais pas, il finira par grandir !”

J’avoue que je n’étais pas particulièrement fière de jouer les mères indignes, mais le petit n’en a pas souffert et la grande s’est sentie valorisée par cette complicité. »

Ne manquez pas une occasion de faire sentir à l’aîné qu’il ne passe pas systématiquement après son cadet, quitte à laisser pleurer un peu le bébé. Laissez échapper de petits commentaires anodins : « Une seconde, bébé, je finis de m'occuper de ta grande sœur et j'arrive ! ». Chaque enfant a besoin non seulement qu'on lui consacre du temps, mais aussi qu'on reconnaisse sa maturité.

C'est précisément sur cette corde que jouait Sarah avec sa fille aînée : « Lorsque Paul jouait dans son berceau, j'en profitais pour lui expliquer que c'était au tour de Virginie d'avoir maman pour elle toute seule : "Nous allons dessiner, toutes les deux ; toi, tu es encore trop petit. C'est un travail pour les grands, ça." Virginie rayonnait de plaisir : "C'est pas pour les bébés. Virginie est une grande fille." Ces moments privilégiés lui procuraient une immense fierté. »

Il rejette catégoriquement le bébé

Ne vous formalisez pas si votre aîné exprime très ouvertement sa jalousie, sa rancœur, voire sa haine. Ces sentiments sont parfaitement naturels et doivent être évacués d'une façon ou d'une autre. Rassurez-vous : des mots au passage à l'acte, il y a fort heureusement un monde ! Ne faites pas la sourde oreille aux récriminations de l'enfant vis-à-vis du bébé, mais au contraire, montrez-lui que vous le comprenez et laissez-le dire.

Un enfant en colère a besoin d'être entendu. Plus vous serez à l'écoute, moins il culpabilisera. Florence se souvient de la première grosse colère de son fils Vincent :

« Barbara n'avait que six mois. Je jouais tranquillement avec elle quand soudain, Vincent lui a arraché son jouet et l'a jeté à l'autre bout de la pièce.

"Eh bien, Vincent, que t'arrive-t-il ? Tu es en colère ?

— Oui !

— Et pourquoi donc ?

— C'est toi qui m'énerves.

— Mais qu'est-ce que j'ai fait ?

— Rien. Mais tu m'énerves.

— Ce ne serait pas Barbara qui te dérange ?

— Si. Rends-la à l'hôpital.

— Tu voudrais bien que je m'occupe tout le temps de toi, hein ?

— Oui. Je ne t'aime plus. J'aime papa, mais pas toi.

— Eh bien moi, je t'aime très fort.

— T'as qu'à pas.

— Mais si, même quand je me mets en colère, je t'aime. Tu sais, on peut très bien être en colère et aimer en même temps.

— J'aime pas qu'on crie contre moi. Ça me met en colère.

— Ça t'embête, alors, quand je te gronde ?

— Oui !

— Bon, je te promets d'essayer de ne plus te gronder autant. Mais toi, il faut que tu me promettes de ne pas être méchant. D'accord ?

— D'accord."

Un peu plus tard, tandis que je changeais Barbara, il s'est mis à me marteler les jambes. En temps normal, j'aurais hurlé "Arrête immédiatement !" Mais je me suis retenue : "Eh bien, tu m'avais promis de ne plus être méchant." Ça l'a arrêté net et il a été adorable tout le reste de la soirée. »

Le rejet peut s'exprimer avant même la naissance du second, par des réflexions déconcertantes, voire choquantes. Ces jeunes parents, qui s'interrogeaient sur le sexe de leur prochain enfant, sursautèrent en entendant leur fils se mêler à la conversation :

« J'espère que ce sera un garçon, dit la mère.

— Oh non, je préférerais une fille, renchérit le père.

— Et moi, trancha le petit, je préférerais que ce soit rien du tout. »

Peu de temps avant la naissance de son deuxième enfant, Christelle eut une conversation édifiante avec son fils de trois ans, Léo :

« Dis maman, où tu vas le mettre le nouveau bébé ?

— Il aura sa chambre, bien sûr.

— Comment ? Sa chambre ? Ici, chez nous ?

— Mais oui, tu le sais bien, tu m'as aidée à la préparer.

— Et si on le donnait à quelqu'un qui n'a pas de bébé ?

— Oh, ce serait dommage ! Qu'est-ce qu'il ferait sans un gentil et beau grand frère comme toi, alors ?

— Hmm. Bon, je vais lui préparer un dessin pour sa chambre. »

Pascale a fait preuve de beaucoup de tact pour faire admettre à sa fille de quatre ans l'arrivée d'une petite sœur : « A l'origine, Alice était plutôt contente et fière à l'idée de devenir grande sœur et nous avons tout fait pour la rassurer sur notre amour et sa place dans la famille. Mais dès qu'Émilie a commencé à ramper et à toucher à ses affaires, Alice a changé du tout au tout et est venue se plaindre :

"Je n'ai plus envie d'avoir une petite sœur.

— Ah bon ? Pourquoi ?

— Elle casse toujours tout. Elle dérange mes jouets.

— Ne m'en parle pas ! Je me rappelle quand tonton Jacques avait son âge, il m'énervait, tu ne peux pas savoir !

— Ah ? Tonton Jacques était petit comme ça ?

— Eh oui ! Je devais ranger toutes mes affaires pour ne pas qu'il y touche. Ce n'est pas toujours facile d'être une grande sœur !

— Ça non, alors !”

J'étais à deux doigts de lui faire la morale et de lui servir le traditionnel “Allons, c'est ta sœur tout de même, tu pourrais faire un effort”, mais je me suis retenue à temps. J'ai réussi à l'écouter, à reconnaître ses sentiments et à lui raconter ma propre expérience. Elle a découvert avec ravissement que j'étais moi aussi passée par là, et depuis, elle me pose souvent des questions sur tonton Jacques à l'époque où il était bébé. Cela nous a bien rapprochées. »

Un papa a eu l'idée de faire faire à son fils aîné un cahier sur le bébé, en énumérant tout ce qui était drôle, et tout ce qui l'était moins :

Rigolo

Il rigole quand je lui fais des bisous sur le ventre.

Il bouge ses pieds quand je m'approche du berceau.

Il essaie de téter mon doigt.

Pas rigolo

Il n'arrête pas de pleurer.

Il sent le caca.

Il veut toujours être dans les bras.

Dans l'esprit de l'enfant, une chose doit être parfaitement claire : il peut à volonté manifester sa colère envers le bébé, mais il ne doit pas lui faire de mal. Si la colère et la jalousie sont inévitables, à vous de canaliser ces sentiments pour qu'ils ne soient pas dirigés contre le bébé. Une maman a ainsi instauré pour sa fille un « coin colère » : à chaque fois que le bébé exaspère Sylvie, c'est là qu'elle va se réfugier pour donner libre cours à sa frustration. On l'entend ainsi grommeler : « Je le déteste, je le déteste, je le déteste ! ». Elle peut aussi dessiner des caricatures de l'abominable petit frère ou taper sur un coussin. La colère passée, elle retourne généralement jouer avec lui !

Tout s'arrange

Cette période d'ajustement est certes difficile à supporter, et vous semblera parfois interminable, mais rassurez-vous, le bout du tunnel n'est jamais très loin. Les relations entre frères et sœurs sont en constante évolution, et c'est peut-être au moment où vous vous y attendrez le moins que vous verrez vos enfants changer totalement d'attitude.

Sabrina s'inquiète de voir son fils de six ans, Arthur, mépriser aussi ouvertement sa petite sœur : « Il ne s'y est jamais vraiment intéressé, mais depuis qu'elle se tient debout, elle lui porte carrément sur les nerfs. Ce qui l'exaspère au plus haut point, c'est de voir tout le monde, et surtout son père, gagatiser devant la gamine. Je l'ai vu se décomposer un jour en regardant son père s'extasier sur la petite sœur. Depuis, il est devenu agressif, même avec moi. Il est méconnaissable. Tout est sujet à conflit. Dire qu'il était si expansif et facile, avant. »

Une autre participante de cet atelier vient à la rescousse de Sabrina : « Arthur a sans doute plus besoin de vous que jamais en ce moment. Vous pourriez peut-être lui consacrer plus de temps et lui dire que vous aimeriez retrouver ces moments où vous étiez tous les deux tout seuls, lui proposer une promenade dans les bois pour ramasser des champignons. Et sans le bébé, bien sûr, puisqu'il est trop petit. »

Quelques semaines plus tard, Sabrina revient nous voir, radieuse : elle est allée se promener en ville avec Arthur, et la recette a fait miracle. « Il était tout simplement charmant. Il était ravi d'être tout seul avec moi.

Nous avons passé une journée merveilleuse. Ce qui m'a le plus surprise, ce fut sa réaction, lorsque je lui ai annoncé que le bébé ne pourrait pas nous accompagner. Il était tout triste, et presque déçu. » Grâce à cet épisode, Sabrina s'est rendu compte que les relations entre frères et sœurs ne sont pas aussi tranchées qu'elles y paraissent. Malgré sa jalousie et ses rancœurs, Arthur peut aussi aimer et vouloir protéger sa petite sœur.

Chapitre 3

PARENT :
LE PLUS DUR MÉTIER DU MONDE

« Je pourrais être une mère exemplaire mais il me reste deux petits détails à régler.
— Lesquels ?
— Le lever et le coucher des enfants ».

« Vous vous souvenez du film *Ben Hur* ? Eh bien, c'est exactement l'histoire de ma vie, sauf que moi, je suis celle qui tombe du char, qui roule dans la poussière et qui se fait traîner par les cheveux. »

L'image vaut sans doute pour beaucoup de femmes tant elles sont nombreuses à cumuler un emploi à plein temps ou à mi-temps et des enfants en bas âge. On conçoit aisément qu'à partir du deuxième enfant, elles finissent par craquer. Leur vie quotidienne est une véritable course contre la montre : faire lever les enfants, les habiller, les faire manger, les emmener à l'école, filer au bureau, rentrer pour faire tourner une machine à laver et préparer à dîner. Elles n'ont pas un instant de répit. A première vue, le tableau n'est guère réjouissant. C'est pourtant le lot de bien des parents. Pour ne rien arranger, ils ne se laissent rien passer. J'ai tenté de les aider à se défaire de ce stress en me remémorant ma propre expérience : quand mes deux fils étaient petits, en début de soirée j'étais déjà sur les rotules, les paupières lourdes, littéralement au bout du rouleau. Et il fallait encore donner le bain avant que ne sonnent enfin huit heures, ma délivrance. Je m'efforçais de rester alerte et enjouée, mais au fond de moi, je n'avais qu'une envie : les mettre au lit et ne plus les voir. C'est un aveu difficile, mais c'est pourtant une réalité : la fatigue finit par vous transformer en mère indigne.

Les joies et les plaisirs que nous procurent nos enfants devraient en toute logique être bien plus importants que les petites misères quotidiennes et les problèmes financiers que leur présence nous impose. Mais comment s'empêcher de penser à soi ? C'est sans doute la question qui revient le plus souvent dans mes stages. Comme le résumait si bien une participante : « Ma capacité à être une bonne mère est directement proportionnelle au nombre d'heures de sommeil de la nuit précédente ».

Un boulot à plein temps

L'une des principales difficultés du métier de parent tient surtout, à mon sens, au fait que nous ne supportons pas de nous laisser dépasser par les événements. Les personnes qui viennent me voir sont souvent des gens brillants, qui réussissent dans leur travail, savent parfaitement gérer leurs relations professionnelles et résoudre toutes sortes de problèmes. C'est avec un bagage impressionnant et une assurance sans pareille qu'ils abordent leur nouveau rôle de parent. Mais ils ne tardent pas à se rendre compte que rien de ce qu'ils ont appris ne peut leur servir à élever des enfants.

Nadine, archétype de la *superwoman*, est tombée de

haut lorsqu'elle a compris que ses talents professionnels ne lui étaient d'aucune utilité à la maison. Mère de trois jeunes enfants, elle avait l'impression qu'elle ne s'en sortirait jamais : « Le plus incroyable, c'est que j'ai toujours été un modèle de sang-froid et d'organisation. Mais avec mes enfants, je suis totalement inefficace. »

En soi, rien d'étonnant à cela, puisque les objectifs d'une femme active ne sont pas les mêmes que ceux de ses enfants. Que celle qui ne s'est jamais mise en colère en voyant son enfant lambiner à l'heure de partir pour l'école me jette la première pierre. Nous aimerions bien que les enfants se montrent coopératifs, mais c'est trop leur demander. Voilà bien la première déception des parents idéalistes : ils s'obstinent à vouloir appliquer à la maison des recettes qui ont fait leurs preuves au travail. A vouloir placer la barre trop haut, ils se retrouvent bien souvent pris à leur propre piège, surtout lorsqu'ils ne correspondent plus au modèle traditionnel de la famille nucléaire et décident d'élever leur enfant en solo, de greffer une famille à une autre ou de vivre au grand jour une relation homosexuelle. Comme le faisait remarquer très justement une maman, les mères modèles des séries américaines ne sont exemplaires que parce qu'elles ne s'y collent qu'une demi-heure par semaine.

A entendre parler les parents, la vie de famille semble être aujourd'hui dominée par le stress. « Je n'aurais jamais cru qu'élever un deuxième enfant soit si difficile, nous confie Véronique. Je me faisais une joie de donner une petite sœur à mon fils. Étant moi-même fille unique, je ne me rendais pas compte à quel point cela pouvait transformer une vie de famille bien réglée. Si je m'en sors plus ou moins depuis un an, c'est surtout grâce aux baby-sitters. Mais, revers de la médaille, mon budget bébé a explosé. Fort heureusement, j'ai aussi des amies qui ont des enfants en bas âge et me donnent un coup de main. Il n'empêche que je me retrouve souvent débordée et vidée. »

Lorsque les deux parents travaillent, la pression atteint vite des sommets. Entre ses deux enfants et son métier, Barbara ne sait plus où donner de la tête : « La maison est toujours sens dessus dessous. De l'extérieur, cela peut sembler trivial, mais moi, j'ai besoin d'ordre et de propreté. Quand nous n'étions que tous les deux, notre intérieur étincelait. Aujourd'hui, c'est un véritable champ de bataille et ça me déprime. Je m'escrime à ranger et à tout remettre à sa place, je passe mes week-ends à jouer les tornades blanches, mais rien n'y fait. Il y a deux femmes en moi : la femme active, efficace, compétente, imperturbable, et la femme au foyer, hystérique, totalement dépassée et obsédée par le moindre grain de poussière. »

Denise travaille pour un grand cabinet d'avocats et reconnaît que si elle prend tellement son métier à cœur, c'est parce que là au moins, on la respecte. « A la maison, mes deux fils me harcèlent, confie-t-elle lors d'un stage. Au bureau, entre adultes, je retrouve une vie normale. On m'appelle Madame, on ne vient pas pleurnicher dans mes jupes, mes secrétaires ne m'accusent pas de favoritisme et en plus, on apprécie ce que je fais. Mes collègues me félicitent ou me remercient, ce qui n'arrive jamais avec mon mari ou mes garçons. »

Marie, hilare, reprend la balle au bond : « C'est vrai que ça nous ferait du bien de les entendre chanter nos louanges de temps en temps. Je les vois bien se prosterner à mes pieds en psalmodiant : "Chère petite maman, merci pour ce délicieux repas. Tu es si gentille de nous obliger à nous brosser les dents pour nous éviter les vilaines caries. L'éducation que tu nous donnes est irréprochable." C'est bon de rêver ! »

Cette pointe d'humour permet à tout le monde de mettre le doigt sur la grande frustration de tous les parents : ce qui rend la tâche si ingrate, c'est que la reconnaissance tarde à venir. Pour un enfant, papa et maman font tout bonnement partie des meubles. Triste sort. Heureusement, les obligations professionnelles offrent un exutoire de choix. Comme Denise, Michelle avoue trouver refuge dans son travail : « Ça me sort de la maison et ça me régénère. Quand les enfants étaient petits, j'attendais avec impatience mes voyages d'affaires pour me retrouver à l'hôtel. Là au moins, je n'avais pas à faire les lits ni à cuisiner et je n'étais pas réveillée en pleine nuit par le cauchemar de l'un ou la fièvre de l'autre. »

Contrairement à une idée reçue, les mères actives ne sont pas beaucoup plus sollicitées que les mères au foyer. Certes, elles doivent jongler entre plusieurs activités, mais elles ont au moins le privilège de pouvoir échapper à l'enfer domestique.

Le calvaire de la mère au foyer

L'herbe est toujours plus verte de l'autre côté de la barrière : les mères qui travaillent se prennent à rêver aux doux moments qu'elles partageraient avec leurs enfants si elles n'avaient pas à expédier les petits déjeuners avant d'envoyer les enfants à l'école et de filer en trombe au bureau. Mais les mères au foyer, elles, ont le problème inverse et aimeraient bien pouvoir échapper à leurs infernales cadences quotidiennes.

Travailler à domicile pourrait sembler la solution idéale. Mais, comme en témoigne Éliane, les apparences sont trompeuses : « Je suis constamment interrompue. Puisque de toute façon je suis à la maison, je suis le bouche-trou idéal : à moi de faire faire les devoirs aux enfants, de les trimballer à l'école, à la danse ou au cours de musique. Jusqu'à la baby-sitter qui me laisse en plan sans état d'âme ! Quand mon mari rentre, j'aimerais bien qu'il prenne le relais. Mais lui, bien entendu, a eu une journée harassante et n'a qu'une envie : mettre les pieds sous la table – non sans s'être étonné que je n'aie rien réussi à faire de toute la journée ! »

Suzanne, traductrice indépendante, n'est pas logée à meilleure enseigne : « Travailler chez soi, c'est le piège. Il y a des jours où je me dis que je ferais mieux de prendre un bureau. Je suis sur la brèche 24 heures sur 24. Le téléphone sonne jusqu'à des heures impossibles. Comment expliquer à un client que je suis sur son dossier, mais que c'est aussi l'heure du bain de bébé ? »

Alors, le sort de la mère au foyer est-il plus enviable ? Pas nécessairement, à en croire Sophie : « J'ai arrêté de travailler quelque temps pour élever mes enfants. J'envisageais cette interruption un peu comme une période sabbatique, mais je me suis bien vite laissée prendre dans le tourbillon du catéchisme, des Éclaireurs, des devoirs, des kermesses, etc. Depuis que j'ai repris mon travail, j'ai moins de scrupules à refuser de participer à toutes ces activités. »

Les mères qui n'ont pas de statut professionnel se sentent souvent incomprises. Madeleine élève ses trois enfants, dont l'aîné n'a que huit ans. Pour peu qu'elle soit fatiguée lorsque son mari rentre du travail, elle a droit au sempiternel : « Qu'est-ce que ce serait si tu travaillais, ma pauvre ! » Et pour ne rien arranger, il la laisse se débrouiller pour faire manger les enfants, leur donner le bain et aller les coucher pendant qu'il lit tranquillement son journal au salon ».

Comme le soulignait très justement une maman, le métier de mère n'est pas valorisé parce qu'il ne rapporte concrètement aucun salaire : « Dès que je me présente comme mère au foyer, je fais fuir tout le monde. Sous prétexte que je ne travaille pas, on me prend pour une demeurée ou une bobonne. Dans un cas comme dans l'autre, je n'ai de toute évidence rien à dire. » Cette pression sociale est tellement forte que les mères au foyer hésitent à avouer leur statut et se sentent obligées de se justifier. Chaque fois que j'entends une mère dire qu'elle élève *simplement* ses enfants, j'ai envie de la secouer et de l'engager à imiter cette femme qui se définissait comme « directrice des ressources humaines et de l'intendance domestique ». Voilà enfin une carte de visite digne du plus beau métier du monde !

Les inévitables comparaisons

Votre meilleure amie semble bien mieux se débrouiller que vous avec sa famille et c'est à croire que votre voisine vous nargue avec ses airs détendus et ses enfants si bien élevés et toujours impeccables ! Mais comment font-elles donc ? Tous les parents ont, un jour ou l'autre, été tentés de comparer leur couvée à celle des autres. « Nous étions invités à un mariage, raconte Cécile. Mes enfants n'ont pas arrêté : pendant la cérémonie, ils dévalaient les travées de l'église, se tortillaient sur leur banc et se chamaillaient ; à l'apéritif, ils ont renversé leurs verres et en ont mis partout. Ceux des autres étaient sages comme des images. Je ne savais plus où me mettre. » C'est dans ces moments-là que l'on se prend à penser que l'on a raté l'éducation de ses enfants et que l'on était décidément pas faite pour être mère.

Fanny commençait à désespérer de jamais y arriver, lorsqu'elle comprit combien ce type de comparaison pouvait être pernicieux : « Mon fils aîné était très difficile, alors que celui de ma meilleure amie était un amour. Elle n'osait pas me faire de réflexions quand elle le voyait tout mettre sens dessus dessous, pendant que le sien dessinait calmement, mais je sentais bien qu'elle n'en pensait pas moins. Puis, elle a eu une petite fille qui lui a donné bien du fil à retordre. Et je me suis rendu compte que ce n'étaient pas nos capacités de mères qui étaient en jeu, mais tout simplement le caractère de nos enfants. »

ET PAPA, DANS TOUT ÇA ?

Depuis les années soixante, les papas commencent à prendre un rôle plus actif dans l'éducation des enfants. Ce n'est pourtant pas ce qui a mis fin aux éternelles récriminations des femmes qui leur reprochent de ne pas faire la moitié du travail. Il est vrai que, dans bien des cas, le père est absent une bonne partie de la journée ; par ailleurs, beaucoup se demandent encore ce qu'ils pourraient faire de plus pour se rapprocher de leurs enfants.

L'exemple de Marina est caractéristique : son fils et sa fille sont encore en primaire, son mari et elle travaillent tous deux à l'extérieur. « Pourtant, confie-t-elle, je fais 90 % du boulot. Georges adore ses enfants mais il estime qu'il est surtout là pour s'amuser avec eux. N'allez pas lui parler de réchauffer une boîte de cassoulet si j'arrive en retard ! J'avoue que je lui en veux d'autant plus que je n'ai pas une minute à moi. Quand je ne suis pas à la maison, je suis au bureau et je n'ai pratiquement plus l'occasion de retrouver mes amis, de me plonger dans un bon roman ou d'aller à la gym. »

Cécile n'est pas mieux lotie : « Mon mari rentre tard le soir, il lui arrive même de travailler le week-end. Moi, je travaille à mi-temps dans un cabinet-conseil et je suis bénévole dans une association caritative. Et bien sûr, c'est moi qui m'occupe des enfants. Mon mari participe un peu, mais j'ai davantage l'impression d'avoir affaire à un baby-sitter qu'à un papa. Il ne comprend pas que je puisse être épuisée. Si j'arrive à le convaincre de garder les enfants tout seul un samedi, il s'arrange toujours pour me faire revenir plus tôt que prévu.

— Et si vous essayiez de lui expliquer ce que vous ressentez et de lui demander de participer un peu plus ?

— Oh, j'ai déjà essayé, fait-elle en haussant les épaules. Il s'est empressé de faire faire des tas de choses aux enfants. Il s'en occupait d'ailleurs si bien que mon fils s'est fait mordre par un chien, s'est cassé une dent en tombant et s'est fait voler son nounours à la barbe de son père. C'est ce que j'appelle la "tyrannie par l'incompétence". D'après moi, il sait très bien que s'il multiplie les bourdes, je reprendrai tout en main.

— Et sa stratégie a marché ?

— Hélas, oui ! soupire-t-elle. Que voulez-vous que je fasse ? Que j'attende que mon fils perde un œil ? »

Françoise, mère de deux fillettes, dirige sa société depuis son domicile. Bien qu'elle soit submergée de travail, c'est également à elle qu'il revient de s'occuper des enfants et de la maison. « Dès que mon mari lève le petit doigt, il a l'impression de remuer ciel et terre. Mais il me fait bien sentir qu'il fait cela pour moi, et il voudrait presque que je me prosterne à ses pieds pour lui exprimer toute ma gratitude. Mais jamais il n'a pris spontanément la moindre initiative vis-à-vis des enfants. Et Dieu m'est témoin que je l'y ai poussé. A l'époque où nous n'avions encore qu'un enfant, je n'en souffrais pas trop. Maintenant que j'ai vraiment besoin de lui, il n'est pas là. J'en ai pris mon parti. »

Reconnaissons qu'elle n'a pas tout à fait tort. Mais les mères ont bien plus de mal à s'avouer qu'elles sont souvent, inconsciemment, complices de cet état de fait. En témoigne ce que j'appelle le « syndrome du faire-faire » : les femmes ont souvent l'impression que si elles n'obligent pas leur mari à faire quelque chose, il ne se passera rien. Or, plus elles sont directives et moins leur époux a envie de mettre la main à la pâte. Au lieu de leur « faire faire » quelque chose, elles seraient mieux inspirées de les « laisser faire » à leur façon.

Anna se reconnaît parfaitement dans ce comportement : « Je me souviens d'un soir où je suis rentrée épuisée. J'étais tellement à bout que j'ai hurlé à mon mari : "J'en ai marre, occupe-toi des gosses pour changer". J'ai filé dans ma chambre, mais au bout de cinq minutes, j'ai craqué : je voulais être sûre que la petite était en pyjama et vérifier que le grand n'était pas encore devant la télé. En fait, quand je demande à mon mari de s'occuper des gosses, je lui demande de le faire exactement comme je le ferais. »

Marie a quatre enfants de moins de dix ans. Son travail l'oblige à travailler un week-end sur deux et elle ne s'en plaint pas : « C'est sûrement ce qui est arrivé de mieux à mon mari. Il est obligé de prendre le relais et il se débrouille très bien. Que ce soit pour les couches, les anniversaires ou les sorties à la patinoire, on dirait qu'il a fait ça toute sa vie. Je suis certaine que si j'étais toujours à la maison, il ne se serait jamais découvert ces talents. J'ai dû faire des concessions, bien sûr : les enfants ne sont pas toujours habillés comme je le voudrais et je ne suis pas d'accord sur les heures de sieste et les goûters. Mais du moins profite-t-il vraiment de ses enfants. »

Pour peu qu'une femme se sente débordée et stressée, elle a tendance à considérer son mari comme le grand absent. Le fait est que dans bien des cas, elle contribue largement à l'exclure de la routine quotidienne. Sabine est tombée de haut lorsque son mari a fini par vider son sac : « Je le harcelais en permanence pour qu'il participe. Dès qu'il rentrait du bureau, j'étais sur son dos. Nous avons eu une petite discussion qui m'a fait comprendre que j'étais en fait très jalouse de mon territoire :

“C'est tout de même incroyable qu'il faille toujours que ce soit moi qui te dise ce que tu as à faire.

— Je ne t'en demande pas tant. Je fais de mon mieux, mais dès que je prends une initiative, tu m'envoies sur les roses.

— Comment peux-tu dire une chose pareille ?

— Mais si ! Tu as tes petites habitudes avec les enfants, toi. Mais moi, quand j'arrive, j'ai l'impression d'être un intrus. Même eux me le font sentir, c'est toujours ‘maman ceci, maman cela’.

— Je ne cherche pas à t'exclure.

— Peut-être pas, mais tu as le chic pour venir jouer les trouble-fête dès que je m'amuse un peu avec les enfants. Comme la dernière fois où il fallait les mettre au lit juste au moment où on commençait à bien rigoler.

— Bien sûr, j'avais passé des heures à essayer de les calmer.”

C'est alors que j'ai compris. Jacques avait tout à fait raison : je m'étais si bien construit ma petite famille qu'il n'y avait plus sa place. J'ai eu du mal à admettre que je l'excluais, mais cet épisode nous a aidés à voir les choses du point de vue de l'autre : moi, je me sentais débordée et lui, rejeté. Ce constat a beaucoup fait évoluer notre façon de vivre. Depuis, Jacques se ménage pendant la semaine des plages de disponibilité pour chacun des enfants et eux sont ravis de découvrir leur père. Comme quoi ça ne fait pas de mal de remettre les pendules à l'heure de temps en temps. »

Le gros handicap des pères tient sans doute à l'absence de modèles : ils sont issus d'une génération où tout tournait autour de la mère et où le père ne jouait qu'un rôle très accessoire. « Chez nous, confie André, papa était le monsieur qui arrivait à six heures du soir, distribuait les fessées du jour promises par maman, et allait se terrer derrière son journal sur le canapé. Le samedi, il tondait la pelouse et bichonnait sa voiture. Je l'admirais, bien sûr, mais ce n'est certainement pas lui qui m'a inspiré mon rôle de père. »

Si les relations père-fils étaient déjà très limitées, les relations père-fille étaient pratiquement inexistantes, rappelle Alain : « A la maison, les garçons appartenaient à papa et les filles à maman. Mon pauvre père était bien en peine de s'intéresser aux poupées et à la dînette, il était très mal à l'aise dès qu'on lui parlait des problèmes de mes sœurs. Moi, j'ai deux filles et je tiens à participer à leur éducation. Mais ce n'est pas toujours évident quand on n'a pas eu de modèle. »

Onze règles d'or contre l'épuisement

Voici quelques conseils qui vous aideront à surmonter les moments difficiles qui finissent par user les meilleures volontés.

Plaidez non coupable

Rien de pire pour un parent que de se sentir coupable. Et pourtant… ce sentiment est pratiquement inévitable. Et plus on cherche la recette miracle à l'extérieur, plus cette culpabilité nous obsède. Et si nous commencions tout simplement par plaider non coupable ?

Nous nous imposons tant de contraintes qu'il n'y a rien de surprenant à ce que la moindre goutte d'eau fasse déborder le vase et nous laisse penauds et dépités. Au cours d'un atelier, j'ai soutiré aux participants quelques aveux très éloquents :

« Je les oblige à se dépêcher tous les matins et je finis par leur hurler dessus. »

« Je suis tellement fatiguée au moment de leur lire leur histoire que je saute des pages. Et bien sûr, ils s'en rendent compte. »

« La cuisine est devenue une telle corvée que je préfère les emmener au McDo du coin. »

« Leur marchandage m'épuise tellement que je finis par les laisser aller au lit à l'heure qu'ils veulent, avec ou sans bain. »

« Ma fille a été élevée aux petits pots, je ne lui ai jamais fait la moindre purée maison. »

« Je rentre du travail à des heures impossibles. »

« J'ai loupé le premier match de foot de mon fils. »

« Je me mets en colère pour un oui ou pour un non et je n'arrête pas de les houspiller. »

« Je colle les jumeaux au lit une heure par jour, qu'ils soient fatigués ou non. »

« Je déteste jouer et je ne fais jamais l'effort. »

« Je n'ai pas contrôlé les devoirs de ma fille et elle a récolté un zéro. »

« J'ai cédé et laissé le petit venir se coucher dans notre

lit parce que je n'avais pas le courage de le ramener dans sa chambre. »

Je leur demande ce qu'ils pensent de ces terribles confessions. Une maman soupire : « Décidément, nous sommes tous des parents indignes ! Mais ça fait du bien de savoir qu'on n'est pas les seuls ! » Ce commentaire ironique met en fait le doigt sur le nœud du problème. C'est en effet en prenant conscience de sa « banalité » que l'on peut non seulement se défaire du fardeau de la culpabilité mais encore puiser dans l'expérience des autres parents. Peut-être apprendrez-vous à vous juger un peu moins durement, car au fond si vous ne preniez pas votre rôle à cœur, vous ne vous poseriez même pas la question.

Nous reviendrons très souvent sur ce thème de la culpabilité, véritable boulet que nous traînons tous. Dites-vous bien que ce n'est pas en vous flagellant que vous serez un meilleur parent. Pis, si vous vous obstinez à vous excuser de vos moindres faits et gestes, ce sentiment d'insécurité finira par rejaillir sur vos enfants qui, ne l'oubliez pas, ont des antennes.

Mais par où commencer ? Une chose est sûre : vous ne vous changerez pas du jour au lendemain. Et personne ne vous le demande. Puisque vous ne serez jamais parfait, attachez-vous plutôt à accepter vos limites et cessez de vous accabler de tous les maux.

A cet égard, la philosophie de Nadine est des plus efficaces : ne jamais prendre d'engagements supplémentaires sans être sûre de ne pas pouvoir se décharger par ailleurs. Si vous acceptez par exemple de préparer les gâteaux pour la kermesse de l'école, laissez de côté la lessive pour l'instant. Choisissez entre la vaisselle et emmener les enfants au cinéma. Cette attitude relève d'ailleurs du bon sens : quand votre enfant est malade, tant pis pour la réunion des parents d'élèves ! Quand on ne peut pas tout faire, on établit des priorités et on pense surtout à lâcher du lest. Enfant, j'ai toujours cru que quitter la maison sans avoir fait son lit était le pire des péchés. Ma mère nous avait ainsi dressés. Pourtant, dès que j'ai eu des enfants, je me suis rendu compte qu'un lit défait jusqu'à quatre heures de l'après-midi ne dérangeait personne. Quel soulagement ! Dire que nous nous laissons gâcher la vie par ces petits détails futiles alors qu'il y aurait des problèmes bien plus graves à résoudre.

La vie serait tellement plus simple si nous savions distinguer les « bons » scrupules des « mauvais ». Une psychologue américaine proposait la définition suivante : « La bonne culpabilité est celle qui nous incite à adopter une attitude constructive ou à reconnaître que l'on a blessé l'autre inutilement. La mauvaise culpabilité, qui d'après moi concerne 99 % des parents, provient de la certitude de pouvoir et de vouloir tout faire. »

Le doute, la déception, les regrets nous minent, surtout quand nous prenons très – trop – au sérieux notre rôle de parent. Or, ces émotions sont on ne peut plus normales : vous n'avez pas pu assister au spectacle de danse de votre fille. Quelle déception ! Mais à quoi bon vous reprocher votre absence ? Vous n'y pouviez rien et ce n'est pas cela qui compromettra vos liens avec elle. J'en parle en connaissance de cause : j'avais l'impression d'être la dernière des mères lorsque je suis arrivée à la fête de l'école après le passage sur scène de mon fils Éric. Vingt ans plus tard, j'y pense encore, mais lui a totalement oublié qu'il était déguisé en petit soldat et plus encore que je n'étais pas là.

Répartissez les rôles

De toute évidence, les femmes qui arrivent à partager équitablement l'éducation des enfants avec leur mari sont moins sujettes au stress. Mais comment faire pour en arriver là ? Presque toutes les mères que j'ai côtoyées se sentent investies d'un rôle prédominant vis-à-vis des enfants. Il n'y a qu'elles qui sachent gérer le quotidien : rendez-vous chez le pédiatre, fêtes de l'école, anniversaires, goûters, aucune date ne leur échappe.

Papa, lui, n'est jamais au courant. Ou si peu qu'il finit par se sentir exclu ou pas à la hauteur. Comme l'explique l'auteur d'un ouvrage sur les conflits parentaux, « moins les hommes participent aux activités familiales, plus ils s'isolent du quotidien. L'idée selon laquelle la mère s'occupe de tout est si profondément ancrée dans les mentalités qu'elle génère inévitablement des tensions entre les parents. Les hommes sentent bien qu'ils sont quantité négligeable. "Le téléphone sonne toute la soirée, viendront-ils me dire, et à tous les coups c'est pour elle." »

Cette histoire vous rappelle quelque chose ? Mais comment parvenir à faire participer votre mari à la vie familiale ? Profitez d'un moment de calme pour aborder la question avec lui. Les pères ont parfois besoin de s'entendre dire qu'ils sont indispensables. Un petit commentaire suffit parfois à relancer la machine : « Tu devrais lui dire, toi. Ton avis compte beaucoup plus que le mien pour elle. » Lorsque des hommes viennent assister à mes stages, je m'empresse de leur rappeler combien ils sont importants pour leurs enfants : « A force de n'entendre parler que des mères, vous avez peut-être oublié à quel point vous contribuez au bien-être et à l'équilibre de vos enfants. » Et je vois bien aux hochements de têtes que je ne parle pas dans le vide.

Avis aux mamans : si vous souhaitez impliquer davantage votre mari, abstenez-vous soigneusement des petits commentaires qui tuent :

« Comment tu as pu lui laisser manger une horreur pareille ? »

« Tu n'avais qu'à lui dire de ranger ses affaires, aussi ! »

« C'est toi qui l'as habillé ? Ça se voit ! »

« Les enfants ne sont pas encore couchés ? Tu as vu l'heure ? »

Rien de tel pour les infantiliser et décourager les meilleures volontés.

Évitez la confusion entre « parent » et « copain »

Votre rôle est ingrat en ceci qu'il vous oblige à poser des limites et des contraintes. Ne tentez pas d'y échapper pour faire plaisir à votre enfant, vous ne rendrez service à personne.

J'insiste toujours sur le fait que les parents sont par définition des rabat-joie. Laissez aux grands-parents le plaisir de gâter leurs petits anges. Vous, vous êtes là pour dire non quand vos enfants n'attendent qu'un oui. N'espérez pas les voir réagir avec un large sourire.

Ne demandez jamais à un enfant l'autorisation de vaquer à vos occupations. A la question : « Je peux aller travailler maintenant, mon chéri ? », il vous opposera un retentissant « Na-an ! » Un peu moins direct mais tout aussi dangereux : « Je m'en vais maintenant, d'accord ? ». Évitez également de lui promettre mille cadeaux et douceurs s'il ne pleure pas en vous voyant partir. Vous vous ruinerez et ce chantage affectif créera un précédent. Vous en ferez un quémandeur. Ne vous risquez pas davantage à des fioritures pour formuler vos ordres. Au : « Tu veux bien descendre la poubelle, mon chéri ? » préférez : « Thomas, descends la poubelle, s'il te plaît ! ».

simplifiez-vous la vie

Comme l'affirme le Dr Ginott, « l'efficacité est l'ennemi de l'enfance ». Rien de plus vrai. Je ne connais personne qui apprécie vraiment la course contre la montre du matin ou les heures fatidiques des devoirs, du bain, du souper et du coucher. Or, les enfants ont le chic pour traîner juste au moment où il ne faut pas. Essayez de raisonner une fillette de trois ans qui a cassé sa poupée à l'heure de partir à l'école. Je vous souhaite bon courage. Et le petit attendra que vous ayez éteint la lumière pour vous annoncer qu'il a besoin de papier crépon, de colle et de ciseaux pour le lendemain à 8 h.

C'est surtout le matin et le soir qui nous rappellent à la réalité : comment concilier les besoins contradictoires des uns et des autres ? Ne cherchez pas, c'est impossible. Mieux vaut apprendre à être efficace au quotidien : la veille au soir, préparez les vêtements des enfants, dressez la table du petit déjeuner, bouclez les cartables, mettez les chaussures près de la porte. Ce dernier détail est vital : les chaussures sont des objets qui semblent avoir une vie propre et filer sous le canapé dès qu'on a besoin d'elles. C'est peut-être justement parce qu'elles sont indispensables qu'elles disparaissent si facilement.

Autre moyen de vous simplifier la vie : réaménagez votre intérieur en fonction de vos enfants. Cette maman de jumeaux pleins de vie s'est ainsi rendu compte qu'elle passait le plus clair de son temps à leur courir après, à refermer les portes, à surélever les objets et à les arracher aux prises de courant. « Je n'avais plus que deux mots à la bouche : "Non !" et "Pas touche !" J'ai fini par comprendre que c'était stupide. Mon salon était très élégant, mais pas conçu du tout pour des enfants. J'ai enlevé tous les bibelots, installé un tapis devant la cheminée, déplacé la lampe et posé des prises de sécurité partout. Depuis, je laisse plus facilement mes enfants au salon et je me fais moins de souci. »

Commencez bien la journée

Au lieu d'aller secouer énergiquement vos enfants dès six heures et demie, optez pour le réveil en douceur. Quitte à vous forcer un peu, prenez un ton enjoué : « Bonjour les enfants ! Il est l'heure de se lever ! ». Si vous avez un gros dormeur à la maison, que vous devez réveiller plusieurs fois avant qu'il ne pointe le bout de son nez, gardez votre sang-froid et passez un contrat : après le premier réveil, il a le droit de rester au lit cinq à dix minutes de plus, mais le deuxième appel sera le dernier. A défaut, offrez-lui un réveil à sonnerie différée, et laissez-le se débrouiller seul.

Évitez les éternelles discussions sur la garde-robe du matin. La petite veut mettre un pantalon rayé avec une chemise à pois et ses belles chaussettes jaunes ? Soit. Et n'allez pas vous inquiéter de ce que le maître pourra bien penser de *vous*. Tous les jardins d'enfants ont, un jour ou l'autre, des allures de marché aux puces !

Le petit déjeuner est souvent le moment le plus éprouvant de la journée. Étrangement, les enfants adorent se disputer les céréales. Et en particulier quand il n'en reste qu'un fond dans un paquet. Pour éviter ces luttes fratricides, demandez à chacun de faire son menu la veille au soir, et vérifiez qu'il y a de quoi nourrir toute la couvée. Ou bien imitez ces parents avisés qui annoncent la couleur : « S'il n'y a pas assez de céréales pour deux, personne n'en aura » ; version gourmande : « S'il n'y a pas assez de céréales pour deux, c'est moi qui finis la boîte. »

Combien de fois ne nous a-t-on pas répété que le petit déjeuner était le repas le plus important de la journée ? Hélas, il arrive qu'il faille l'expédier. Cette mère avouait la honte au front qu'elle était tellement pressée l'autre matin qu'elle avait fait manger à son fils ses barres de substitut de repas dans le bus. En soi, manger dans le bus n'est pas si dramatique que ça. Pensez aux portions individuelles de céréales, aux briquettes de lait ou de jus de fruit, aux pommes, aux barres de céréales, etc.

Établissez un planning du matin, que vous exposerez bien en vue. Myriam a exposé dans sa cuisine une très belle affiche peinte de ses mains :

Pour partir du bon pied…
1 – On se lève
2 – On se lave
3 – On s'habille
4 – On déjeune
5 – On se brosse les dents
6 – On enfile les chaussures
7 – On se coiffe
8 – On met son manteau
9 – On file à l'école
Bonne journée !

« Ce poster a en fait structuré les garçons et a contribué à les rendre autonomes. Les matins n'étaient plus aussi rébarbatifs qu'avant. »

Mais ces ficelles ne marchent pas dans toutes les familles, et il faut toujours compter avec les impondérables. « C'est bien beau de se faire un planning, intervient une maman. Mais c'est oublier que les enfants ont une imagination débordante, surtout quand on est pressé. Vous en aurez toujours un pour dire à sa sœur qu'elle est habillée comme un as de pique. Et à huit heures moins le quart, la petite veut absolument son sweat-shirt rose, qui est enfoui sous Dieu sait quelle pile de vêtements. C'était bien la peine de tout préparer la veille ! »

Cela étant, rien n'oblige la maman à céder et à passer un quart d'heure à chercher le fameux sweat-shirt. A elle de mettre le holà, en imposant son diktat : « Trop tard. Il est temps d'aller à l'école. Tu le mettras demain si on le retrouve. »

Passez outre les petits détails

Au lieu de vous accrocher à vos sacro-saints principes, pourquoi ne pas faire de concessions de temps en temps ? Essayer de tenir une maison propre avec des enfants revient à puiser de l'eau avec un seau percé. A l'impossible, nul n'est tenu. C'est ce qu'a si bien compris cette mère de cinq enfants qui ne cherche pas à faire rutiler son intérieur sous prétexte qu'elle attend des invités. « Si les gens sont incapables de comprendre que cinq enfants transforment n'importe quelle maison en chantier, je n'en veux pas pour amis », déclare-t-elle sans ambages. Quel cran !

Inutile de vouloir à tout prix jouer les supermamans tous les soirs. D'autant que les enfants ne se montrent pas toujours coopératifs. Et pour cause : on leur mène la vie dure. « Fais tes devoirs, mange tes haricots verts, va prendre ton bain, brosse-toi les dents… Comment, tu as mangé un bonbon ? Retourne te brosser les dents. Maintenant, au lit. » Rien de très exaltant, ni pour eux, ni pour vous, qui avez l'impression de jouer les adjudants-chefs en permanence. En fin de journée, tout le monde est fatigué. Mieux vaut parfois sacrifier un bain, commander une pizza par téléphone ou les laisser un peu plus longtemps devant la télé. Un petit écart de temps en temps permet d'en demander davantage aux enfants à d'autres moments. Mettez-vous d'accord au préalable : « Bon, tu sais ce qu'on va faire ? On laisse tomber le bain pour voir le dessin animé à la télé. Mais demain, je te frotte des pieds à la tête. D'accord ? »

Établissez des priorités. Les moutons accumulés sous le lit sont-ils vraiment plus importants que le câlin du soir ? Que peut-il arriver d'horrible à une assiette sale d'ici demain matin ? Est-ce si dramatique de porter le même maillot deux jours de suite ou d'aller à l'école avec un tee-shirt froissé ? Vos enfants ont-ils vraiment besoin d'un repas chaud tous les soirs ?

Pour évacuer tous vos scrupules, demandez-vous si telle ou telle petite entorse aura laissé une empreinte dans votre mémoire d'ici une semaine. Nous avons tendance à nous faire un monde des petits détails qui s'oublient aussi vite qu'ils sont venus. Dans le feu de l'action, la moindre broutille prend des proportions gigantesques. Nous aurons tellement d'autres occasions de culpabiliser à juste titre !

Ignorez les critiques

Ne vous laissez pas atteindre par toutes les mauvaises langues et les bonnes âmes qui n'attendent qu'une occasion pour décocher leurs flèches : « C'est ta fille, *ça* ? », « Vos enfants s'habillent toujours de cette façon ? », « Elle n'a donc pas de bonnet, la pauvre ? ». Cultivez votre cuirasse, tenez bon et faites la sourde oreille à la voisine, la meilleure amie de la voisine, la cliente de la boulangerie, belle-maman et jusqu'à votre mère – qui ne vous a pas élevée comme ça, c'est sûr !

Les enfants font des bêtises et, contrairement à ce qu'on peut essayer de vous faire croire, ce n'est pas nécessairement votre faute. « C'est tout de même extraordinaire, constate Paula, que quand votre enfant est sage, tout le monde le complimente ; mais dès qu'il devient intenable, c'est vous qui en êtes responsable. » C'est ce que j'appelle le syndrome de la FAP : la Faute Aux Parents. Personne n'y échappe, mais du moins peut-on prendre un peu de recul en se demandant si les accusations d'autrui sont vraiment fondées. « Tiens, je pensais vous voir à la fête de l'école. Tout le monde était là, pourtant », vous dira la maman de l'insupportable Benjamin. Mais à onze heures du matin, vous êtes au bureau, vous. Aviez-vous le choix ? Non ? Eh bien, cessez de vous tourmenter. Puisque cela ne dépend pas de vous, ce n'est par définition pas votre faute.

Il est vrai que les reproches sont plus fréquents que les compliments. Pour les gens qui n'ont pas d'enfants, la critique est aisée, mais que savent-ils de l'art ? Et n'avez-vous jamais entendu votre mari se désoler : « Ah, elle est belle, *ta* fille ! », pour peu après parader devant les amis : « *Ma* fille joue très bien du piano… ». Vous en avez tellement entendu qu'à la limite, vous n'avez plus besoin de personne pour vous condamner. Il est grand temps de repousser ces messages négatifs, même si votre fils vous fait une scène en plein supermarché ou chez les beaux-parents.

Faites preuve d'imagination

A la perspective d'avoir à lire pour la énième fois *Boucle d'or* à ses chérubins, cette mère se sentait défaillir. Elle eut l'idée lumineuse d'enregistrer le conte pour que ses enfants puissent l'écouter tout à loisir. Avant de perdre patience, cherchez un moyen original de vous décharger des plaisirs d'hier qui sont devenus des corvées. Les enregistrements sont aussi de précieux alliés lorsque vous partez en voyage sans vos enfants : vous aurez moins de scrupules si vous leur laissez le son de votre voix.

Exigez une trêve

Nous avons tous besoin d'un petit moment de tranquillité au cours de la journée. Prévoyez chaque jour une plage horaire pendant laquelle chacun retrouvera son espace : les enfants dans leur chambre, les parents dans la leur. Pendant cette trêve, on ne parle plus, on ne se plaint plus, on ne demande rien à personne, on ne pose pas de question. Les jeunes enfants vous soupçonneront sans doute de vouloir vous débarrasser d'eux pour aller jouer dans votre coin. Faites-leur comprendre que tout le monde a besoin de se reposer pour mieux repartir ensuite, même papa et maman.

Une mère a ainsi instauré un « temps pour recharger les batteries » à l'intention de ses fils de huit et cinq ans : « Nous ne sommes pas des automates. On doit faire une pause pour tenir le coup, » leur a-t-elle expliqué. Un papa célibataire travaillant à domicile s'est rendu compte que c'était surtout entre seize et dix-sept heures que les enfants se chamaillaient le plus. « A partir d'aujourd'hui, leur a-t-il déclaré, vous passerez cette heure chacun de votre côté. Vous n'êtes pas obligés de dormir ni de vous reposer, mais je ne veux pas vous voir ensemble. » A cinq heures, la petite famille est de bien meilleure humeur et les soirées plus calmes.

Faites-vous dorloter par vos enfants

Avez-vous déjà pensé à demander à vos enfants de s'occuper de vous ? Essayez, vous serez surpris. Catherine découvrit par hasard les vertus de cette stratégie : « Je suis rentrée à la maison épuisée. Mon fils de sept ans soufflait dans sa sarbacane sur tout ce qui bougeait, sa sœur de cinq ans criait famine, et je n'avais qu'une envie : planter là tout ce beau petit monde et aller me promener. Il faisait une chaleur torride, le climatiseur était en panne, et j'étais en sueur. Je me suis affalée sur le canapé en geignant : "Pauvre de moi ! Je n'en peux plus !" Les enfants se sont arrêtés net et sont venus me consoler. Ils ne m'avaient jamais entendue me plaindre. J'en ai profité pour tenter ma chance : "Vous ne pourriez pas aller me chercher un grand verre d'eau fraîche ? Je meeeeeurs de soif !" Ils se sont rués dans la cuisine et je les ai vus revenir avec leur verre. Et ils m'ont fait boire à la sarbacane ! Pour une fois, c'étaient les enfants qui me dorlotaient. J'en fus toute attendrie et eux ravis d'avoir bichonné leur maman. »

Ne vous sacrifiez pas

Si les mères se sentent souvent débordées, c'est peut-être en premier lieu parce qu'elles ne savent pas prendre du temps pour elles. Elles font passer tout et tout le monde avant, en se disant qu'elles auront toujours le temps de s'occuper d'elles. Leurs priorités, ce sont les enfants, le travail et le mari. Jusqu'au jour où elles se rendent compte qu'elles existent aussi.

Carole jongle entre ses trois enfants et son entreprise à domicile. C'est le matin qu'elle arrive à se ménager un peu de temps : « Je me lève un peu plus tôt que les autres, juste pour avoir quelques instants de paix royale.

Je vais faire un tour, je prépare mon planning de la journée ou je prends mon café tranquillement dans la cuisine. C'est la seule façon d'attaquer la journée sans boule sur l'estomac. »

Lise, elle, profite de sa voiture pour faire une pause : « Mon travail est très prenant, et avec mes deux enfants, je n'ai pas une minute à moi. Dès que les enfants sont couchés, je m'endors. Heureusement, il y a le trajet du matin et du soir. Il n'y a que dans ma voiture que je me retrouve un peu seule. Personne ne vient m'embêter ni me demander quoi que ce soit. Je me réserve ce moment privilégié pour écouter des romans enregistrés, réfléchir et savourer ma solitude. »

Les enfants ont besoin de voir leurs parents s'occuper d'eux-mêmes. Bien qu'ils soient plutôt égocentriques par nature et qu'il leur importe peu que vous soyez fatigués, pressés ou déprimés, à terme, ils assimileront un modèle positif d'adultes sachant se prendre en charge. Michèle nous raconte comment, passant outre tous ses scrupules, elle a décidé de vivre pour elle : « J'ai trouvé un club de tennis qui propose une halte-garderie à dix francs de l'heure. La première fois que j'y ai laissé mes enfants, ils étaient consternés. J'allais les laisser là tout seuls pour jouer au tennis, moi ? La petite s'est mise à chouiner : "Je veux venir avec toi !" J'ai été catégorique : "Écoute, tu as tes copines, moi les miennes. Maintenant, je vais jouer avec elles pendant une heure." Ils n'étaient pas très contents, mais ça m'a fait du bien de leur faire comprendre que j'avais le droit d'aller jouer, moi aussi. Les mamans ne sont pas des machines. »

Garder à l'esprit l'essentiel

Nous perdons un temps fou et une énergie considérable à essayer d'agencer parfaitement les moindres pièces de l'immense puzzle pour constituer une vie de « famille idéale ». A tel point que nous perdons de vue ce qui compte vraiment. Noyés sous les détails du quotidien, nous n'avons plus de vue d'ensemble ni de recul.

A cet égard, le difficile témoignage de Louise remet les pendules à l'heure : cette jeune maman s'est découvert une tumeur maligne aux ovaires l'année dernière. Bien qu'elle soit en rémission, la perspective de la mort a tout changé pour elle : « Depuis, je passe l'éponge si les enfants ne font pas toujours leurs devoirs. Je ne suis plus aussi pointilleuse sur le ménage. Ce ne sont après tout que des détails futiles. » Son histoire nous a profondément émus. Elle a compris l'essentiel, mais c'est bien cher payé… Cette leçon de vie a porté : Louise nous a tout simplement rappelé que ce qui nous est le plus cher au monde, c'est nos enfants. Tout le reste est secondaire.

Chapitre 4

L'ÉTAT DE GUERRE PERMANENT

> « *Crois-moi, il vaut mieux ne pas énerver sa sœur quand elle a une batte de base-ball dans les mains.* »
>
> Joël, 12 ans

« Maman, maman, Jérôme fait que m'embêter !
— C'est toi qu'as commencé.
— Menteur !
— Bon, arrêtez immédiatement, sinon ça va mal finir.
— Aïe ! Mamaaaan !
— Je vous aurais prévenus.
— Ouille !
— Bon ça suffit. Maintenant, je me fâche. »

Cette scène de la vie quotidienne vous dit quelque chose ? Vous avez l'impression de vivre un cauchemar fait de cris et de disputes ? Bienvenue au club ! Que faire contre les chamailleries, la jalousie, les bagarres et les insultes ? Comment empêcher vos tendres marmots de se pincer, se pousser et se houspiller ? C'est là la grande interrogation des parents de famille nombreuse.

Demandez-leur pourquoi ils ont voulu plusieurs

enfants. Quelle question ! Pour offrir des frères et sœurs à leur aîné, vous diront-ils. Ceux qui ont été enfants uniques se souviennent avec amertume de leur solitude. Si seulement ils avaient pu jouer avec plus petit qu'eux ! Poussés par ces regrets, ils se sont juré de ne jamais infliger cet isolement à leur enfant. Quelle n'est pas leur déconvenue lorsqu'ils s'aperçoivent que leur « cadeau » n'est pas à franchement parler des plus appréciés ! Ce sont des frères ennemis qu'ils ont mis au monde, et voilà qu'à la place de l'amour escompté s'installent les querelles, la jalousie et les rivalités.

Une psychopédiatre américaine raconte cette histoire qui, à mes yeux, illustre parfaitement le phénomène de rivalité fraternelle. Enceinte du deuxième enfant, une femme voit un jour son fils de trois ans lui marteler le ventre de plus en plus fort. Tout en le repoussant gentiment, elle a l'idée de lui demander :

« Est-ce que tu chercherais à dire quelque chose au bébé, par hasard ?

— Ouais, sors de là qu'on se batte ! »

L'idée ne nous plaît guère, mais il faut se rendre à l'évidence : les conflits entre frères et sœurs font irrémédiablement partie du jeu. Il faut savoir, cependant, que si le propre des adultes est de rechercher la paix, les enfants aiment, par nature, troubler la tranquillité du foyer.

Beaucoup de bruit pour rien

C'est connu, les enfants se battent pour un rien. La moindre broutille suffit à mettre le feu aux poudres : qui s'assied où (à la maison comme dans la voiture), quelle émission de télévision regarder, qui tient la télécommande, qui décide où l'on va manger quand on sort, qui joue avec quel jouet, qui choisit le film au cinéma, qui allume la lumière, qui a le droit de poser sa tête sur l'oreiller de maman, qui arrive en premier à la voiture, etc. Sans oublier toutes les injustices, réelles et imaginaires. De quoi faire craquer prématurément les parents ! Ceux-ci sont d'ailleurs intarissables sur le sujet et, chose étrange, leurs témoignages se recoupent beaucoup :

« L'aîné tient des comptes d'apothicaire et comme par hasard, il se trouve toujours lésé par rapport à son frère : il a moins de jouets, ils sont plus petits, il voit moins ses copains, il reste plus longtemps à l'école… »

« Bien souvent, je ne sais même pas pourquoi ils se disputent. L'un d'eux arrive en courant et me dit : "Il m'a poussé" ou "Elle m'a tiré la langue" ou encore "Il m'embête". L'autre jour, j'ai même eu droit à : "Elle m'a respiré dessus !" »

« Tout y passe ! Quand ils n'ont pas de raison particulière, ils se taquinent et se poussent à bout. L'autre soir, ils se disputaient pour savoir lequel de leurs manteaux était le plus bleu ! »

« Mon fils prétend que les seules fois où il se bat avec sa sœur aînée, c'est quand elle ne veut pas jouer avec lui. Il a une passion sans bornes pour tous les jeux, notamment ceux qui commencent par "On dirait que je serais…" Étant plus âgée, sa sœur ne tarde pas à s'ennuyer. Elle le chasse alors de sa chambre et il enrage ou se morfond seul dans son coin. »

« C'est à qui éteindra la télévision, à qui allumera la lumière, à qui montera sur le tabouret de la salle de bains. Ils se disputent aussi quand l'un éclabousse l'autre dans la baignoire, quand l'un ne veut pas jouer au jeu auquel l'autre veut jouer ou quand ils veulent tous les deux jouer au même jeu, mais tout seul ! »

« Le moindre morceau de papier que l'un ramasse par terre suscite immédiatement la convoitise de l'autre. "Il est assis sur ma chaise." "Pourquoi c'est pas elle qui ramasse ?" "C'était mon tour d'ouvrir la porte". Je suis convaincue que s'ils se disputent, c'est pour attirer mon attention. Ils y parviennent d'ailleurs très bien, car on peut difficilement les ignorer quand ils se chamaillent. »

Et que dire de ces enfants qui passaient leur temps à se quereller pour savoir à quelle température l'eau bouillait à la montagne ? « Ils se chamaillaient si souvent sur la question que c'en est devenu une plaisanterie dans la famille. L'énigme n'a jamais été résolue. J'ai donc fini par me dire que le but de la manœuvre, c'était surtout de ferrailler sur le sujet », confie la mère philosophe.

En fait, si les enfants se disputent à propos de tout et de rien, c'est tout simplement parce qu'ils aiment ça, et peu importe le motif de leurs querelles. Ne perdons pas de vue que l'on peut prendre plaisir à polémiquer ; pendant ce temps, au moins, on ne s'ennuie pas. Et n'allons surtout pas penser que ces luttes fraternelles les vouent à une haine éternelle. Bien sûr, à les voir, on a peine à croire que ce sont bien nos enfants. « Je finis par me demander si on ne me les a pas échangés à la maternité ! », avoue la douce Marianne, jeune maman de deux garçons particulièrement agressifs. « Comment ai-je pu mettre au monde deux terreurs pareilles ? Moi si paisible, qui déteste tant le bruit et les conflits ! A moins qu'ils ne soient sortis d'un chou, ou que la cigogne me les ait ramenés directement de la planète Mars ! »

Et méchants, avec ça !

Bon an mal an, on finit par s'habituer aux disputes. Mais s'il y a une chose que les parents ne supportent pas, c'est la méchanceté délibérée. Dans l'un de mes ateliers, Nathalie se dit bouleversée par la cruauté dont son aîné fait preuve à l'égard de sa petite sœur de six ans :

« Philippe prend un malin plaisir à torturer Charlotte. Elle, elle adore son frère, lui la déteste, et il ne manque pas une occasion de le lui montrer. Il cherche continuellement à la blesser par des mots méchants ou la martyrise jusqu'à ce qu'elle lui cède tous ses jouets. Il nous accuse de préférer Charlotte ; il a peut-être raison, mais elle est si enjouée et lui, si dur. J'ai fini par lui dire : "On te préférera, toi, le jour où tu seras aussi gentil que ta sœur". Ce n'était sans doute pas très intelligent de ma part, mais j'étais vraiment énervée.

— Intervenez-vous quand il tourmente sa sœur ?

— Je ne peux pas faire autrement. Elle est si mignonne et si accommodante. Je dois la protéger, lui apprendre à ne pas jouer les victimes, à être plus forte et à ne pas se laisser faire.

— Vous auriez un exemple concret à nous donner ?

— Un jour, elle a eu besoin d'une ampoule pour faire fonctionner un magnifique jouet qu'elle venait juste de recevoir. Il voulait bien lui donner celle de sa chambre, à condition qu'elle le laisse jouer en premier avec. Ça lui fendait l'âme, mais elle accepta. Quelques jours plus tard, c'est Philippe qui eut besoin de l'ampoule. Elle s'empressa de la lui rendre, dans l'espoir qu'il la laisserait jouer avec lui. Il s'empara de l'ampoule mais lui claqua la porte de sa chambre au nez. Elle était littéralement consternée. Et ce n'est qu'un exemple parmi tant d'autres.

— Comment avez-vous réagi ?

— J'avais envie de hurler après lui et de lui dire combien il était méchant et égoïste. C'est ce que j'aurais fait d'habitude. Mais cette fois, j'ai adopté une autre attitude. J'ai expliqué à Charlotte que son frère et elle avaient deux caractères bien différents. “Il est moins partageur que toi, voilà tout. Il faut l'accepter tel qu'il est.” Il m'a entendue et il n'en revenait pas. Moi non plus d'ailleurs : j'étais plutôt fière de moi. En temps normal j'aurais pris le parti de sa sœur et il en aurait eu pour son grade.

— Bravo ! Ce n'était pas évident de se mettre à sa place, je suppose ?

— Pas vraiment. J'avais l'impression qu'il ne lâcherait jamais prise et qu'il faisait tout pour me provoquer.

— Vous n'avez peut-être pas tort. Mais en la réconfortant, vous avez cassé tous ses effets à son frère. Normal qu'il vous en veuille. L'idée de donner de l'assurance à votre fille est bonne, mais essayez une autre tactique : la prochaine fois, jouez la compassion : “Ma pauvrette, ton frère t'en fait voir de toutes les couleurs. Il a le chic, hein ? Mais tu n'es pas obligée de jouer avec lui s'il est méchant. Trouve autre chose à faire. Attends qu'il soit de meilleure composition.” Proposez-lui des échappatoires pour bien lui faire comprendre qu'elle ne doit pas se sentir condamnée à ce rôle de victime. »

Marguerite est elle aussi scandalisée par la méchanceté que manifeste parfois Caroline, quatorze ans, à l'égard de sa sœur Emma, sept ans. Elle l'attribue surtout à la différence d'âge.

« Caroline est à l'âge ingrat ; elle est aussi arrogante que sa sœur est charmante. Elles ne sont absolument pas sur la même longueur d'ondes. La grande est caustique, parfois brutale et grossière. Elle peut être très drôle, mais c'est souvent au détriment de la petite. Par exemple, l'autre soir Emma aspirait ses spaghettis et s'amusait comme une petite folle. Caroline n'a rien trouvé de mieux que de jouer les rabat-joie : “Oh ! On dirait des vers que tu manges. Miam, des bons vers blancs !" Emma était écœurée et la grande riait bêtement. »

Marguerite ne pouvait pas laisser passer ça, mais ne voulait pas non plus braquer l'aînée. Il ne fallait pas la sermonner, mais l'amadouer. Ce genre de blagues de mauvais goût est caractéristique de l'adolescence, et il faut bien laisser un peu la bride sur le cou. Marguerite a fini par trouver les mots :

« Caroline, je peux te parler une seconde ?

— Qu'est-ce qu'il y a ?

— Emma rapporte sa photo de classe aujourd'hui.

— Et alors ? Qu'est-ce que ça peut bien me faire ?

— Tu connais ta sœur… Elle n'a d'yeux que pour toi. Dès que tu dis quelque chose, c'est parole d'Évangile. Alors, je me disais que si tu pouvais éviter des petits commentaires sarcastiques…

— T'as raison, elle est encore petite. »

Caroline fut exemplaire, ce jour-là : « Tu es super là-dessus, Emma ! Tu me donnes une photo pour ma chambre, s'il te plaît ? » La petite rayonnait. Plus tard, Marguerite prit la grande à part.

« Tu as vraiment fait plaisir à ta sœur. Bravo, je suis fière de toi !

— Bah, ça ne me coûtait pas grand-chose. »

A mesure que les enfants grandissent, ils passent à des jeux plus vicieux. Les adolescents peuvent être particulièrement cruels et savent mieux que quiconque repérer les faiblesses de leurs frères et sœurs. Francine est outrée en entendant les échanges de ses enfants de seize et quatorze ans :

« Eh, t'as vu le popotin que tu traînes ! Remarque, vu sa taille, tu peux pas le rater !

— Ouais mais moi, au moins, j'ai pas la gueule explosée par les boutons, eh, Frankenstein ! »

Francine lève les yeux au ciel : « Et c'est comme ça toute la journée. La dernière fois, ils ont poussé le bouchon tellement loin que j'ai failli m'étouffer. Je les ai vertement repris et ils m'ont regardée d'un air étonné, comme si j'étais une extra-terrestre. En fait, ce qui m'ennuie le plus, c'est d'entendre Christophe charrier sa sœur sur son poids. Si elle commence à se mettre dans la tête qu'elle est grosse, nous ne sommes pas au bout de nos peines. A cet âge, c'est tellement important, je ne voudrais pas qu'elle sombre dans la folie des régimes. »

Certes, il est difficile de rester indifférent à ce genre d'attaques. Rien n'interdit aux parents d'y couper court en posant fermement des limites. Bannir, par exemple, toutes les piques portant sur le physique ou les sentiments de l'autre, particulièrement si l'on sent qu'elles font leur effet.

Comme je l'explique à Francine, nous avons d'autant plus de mal à admettre ces paroles blessantes qu'il ne nous viendrait pas à l'esprit de les proférer ni à notre fille ni à qui que ce soit d'autre. « Entendez-moi bien, ce qu'il faut leur faire comprendre, c'est que ces coups bas peuvent faire mal. Cela étant, votre fille a l'air de savoir se défendre. Quand Christophe l'insulte, elle a du répondant. D'après moi, tant qu'elle ne prend pas ces insultes trop au sérieux, ce n'est pas très grave. Mais si tel était le cas, remettez les pendules à l'heure immédiatement. »

Le rôle des parents consiste aussi à apprendre aux enfants à exprimer leur colère, leur exaspération ou leur rancœur sans tomber dans la méchanceté. Avouons que ce n'est pas une mince affaire. Mais quitte à leur seriner toute la journée la même chose, il faut en passer par là.

Clotilde a ainsi imposé à ses deux fils une règle inflexible pour mettre fin aux échanges d'insultes : « Ils ont le droit de se détester autant qu'ils le veulent, de se haïr même, mais ils gardent leurs mots blessants pour eux. Je ne veux pas les entendre. Je sais que quand je ne suis pas là, ils ne se gênent pas, mais en ma présence, j'exige un minimum de respect. »

AU FAIT, POURQUOI SE CHAMAILLENT-ILS ?

Nous avons tendance à oublier que lorsqu'un enfant cherche querelle à son cadet, c'est souvent parce qu'il se sent exclu, ignoré, incompris. S'il vous semble que les échanges d'insultes respectent un scénario donné, cherchez à comprendre ce qui met le feu aux poudres. Sébastien, treize ans, ne cesse de se plaindre de sa petite sœur. « Il a l'impression qu'on lui passe tout, confie sa mère. J'ai beau lui rappeler qu'elle n'a que cinq ans, rien n'y fait.

— Et vous trouvez qu'à son âge, il pourrait se montrer plus tolérant, n'est-ce pas ?

— Bien sûr. Une fillette de cet âge a davantage besoin d'attentions qu'un grand garçon comme lui.

— Théoriquement, ce n'est pas faux. Mais pensez-vous que votre fils ait fait ce raisonnement ? Au lieu de lui marteler qu'il est grand et qu'il n'a plus besoin de vous, essayez d'entendre ses appels et de jouer sur cette maturité. Demandez-lui son avis, par exemple. Vous trouve-t-il trop indulgente avec la petite ? Laissez-le proposer ses solutions et, au besoin, expliquez-lui pourquoi vous ne les retenez pas. Qui sait, après tout, il a peut-être des raisons de se plaindre. »

Un papa modèle demande à son fils pourquoi il s'emporte aussi facilement contre sa petite sœur. Loin de se cantonner à une réponse fourre-tout telle que : « C'est une vilaine », le garçon explique très précisément ce qui le chiffonne : « Elle vient fouiller dans ma chambre quand je ne suis pas là et elle fiche la pagaille. » A partir de cette plainte légitime, le père parvient à jouer le rôle du médiateur : « En effet, ce n'est pas agréable. En fait, l'idéal ce serait de lui interdire ta chambre en ton absence. »

L'important est de garder sa neutralité et de faire en sorte que la maison soit elle aussi une zone neutre. Soyez à l'écoute des récriminations de chacun mais ne tolérez aucun débordement. Si l'un ou l'autre des enfants passe la ligne de démarcation et cherche par exemple à se venger par la force, mettez immédiatement le holà et rappelez-lui les règles de la vie familiale.

FAUT-IL S'INTERPOSER ?

La plupart des parents que j'ai interrogés se souviennent que dès qu'un conflit éclatait entre frères et sœurs, leurs propres parents s'empressaient de séparer les combattants. Or, ils n'appréciaient pas vraiment ces interventions qu'ils jugeaient injustes, vexantes, voire inefficaces. Betty se rappelle un incident particulier : « Je me battais avec ma petite sœur et je lui frottais les cheveux avec des feuilles. Mon père m'a empoignée et m'a traînée dans les feuilles pour "m'apprendre à vivre", comme il disait. J'étais furieuse et n'avais qu'une idée en tête : me venger sur ma sœur dès qu'il aurait le dos tourné. Et elle n'y a pas coupé. »

Esther surprend un jour ses enfants à se battre comme des chiffonniers. « Ce n'est pas dans leurs habitudes, mais quand j'ai vu la grande tambouriner sur la poitrine de son petit frère de trois ans, je l'ai harponnée :

“Rachel, tu as perdu la tête, arrête ça tout de suite.” Ils ont tous les deux levé sur moi de grands yeux surpris. Et j’ai vu Samuel soupirer en haussant les épaules : “Ce que t’es bête, maman !”. J’ai eu du mal à cacher ma pâleur et à avaler l’insulte, mais j’étais tout de même contente qu’il défende sa sœur. Preuve qu’il n’avait ni besoin ni envie que je m’en mêle. »

Intervenir ou ne pas intervenir ? Là est la question. Brigitte a pris le parti de ne pas lever le petit doigt lorsque ses trois affreux jojos s’étripent : « Moi, tant qu’il n’y a pas de sang, je ne bouge pas ! ». Un jour que son mari lui hurlait au-dessus de la mêlée : « Tu es sourde, ma parole ? », elle n’a eu qu’une réponse : « Oui ! ». Elle s’est rendu compte que moins elle en faisait, moins ses enfants en rajoutaient – à sa plus grande satisfaction.

La philosophie de Brigitte est certainement la meilleure… comme elle le dit joliment « tant qu’il n’y a pas de sang ». Les enfants se battent d’abord pour attirer l’attention des adultes. S’ils s’ennuient, c’est pour eux une façon de vous prendre dans leur piège. Rien n’est plus drôle que de mettre son grand frère en mauvaise posture en hurlant : « Maman, il m’a traité ! » Souvenons-nous que les enfants ont horreur du calme. Si vous répondez à leur provocation en accourant au premier cri, ils seront ravis : au lieu de désamorcer la crise, vous encouragez l’escalade.

En effet, si dès que l’un se pose en victime pour faire punir l’autre, vous tombez dans le piège, attendez-vous à voir éclater une nouvelle bagarre dans les cinq minutes qui suivent. Car l’offense appelle la vengeance. Et sur ce chapitre, vos chers bambins ne manquent pas d’imagination. Souvenez-vous de deux choses : le nombre de conflits est directement proportionnel au nombre d’interventions ; et la question la plus ridicule qui soit est : « Qui a commencé ? »

Cela étant, il y a des limites à ne pas dépasser. Quand la situation tourne au vinaigre, à vous de séparer les belligérants. Avec doigté, bien entendu. Les fessées et les hurlements n'arrangent rien et réduisent moins encore le niveau sonore ambiant. Posez-vous plutôt en médiateur en essayant de trouver des solutions efficaces, à l'instar de cette maman :

« David, je t'ai déjà dit que tu n'avais pas le droit de taper ton petit frère.

— Mais il m'énerve à la fin, j'ai passé des heures à faire mes Lego, et il m'a tout cassé.

— Il y a de quoi se fâcher en effet.

— Tu vois, même toi tu te serais fâchée.

— Tu lui as dit que tu était très en colère.

— Ben oui, mais il n'écoute pas !

— Et au lieu de le taper, tu ne pourrais pas trouver autre chose pour qu'il te fiche la paix ?

— Si, je ne veux pas qu'il rentre dans ma chambre !

— Voilà une idée. Et comment vas-tu t'y prendre ?

— Je vais mettre un gros panneau sur ma porte avec écrit dessus : Interdit.

— Eh bien, fais-le, mais surtout pas de bagarres. »

Comme nous le voyons, les antagonismes sont d'excellentes occasions d'apprendre aux enfants à affronter et résoudre les problèmes. La technique du « juge de paix » a fait ses preuves mille et une fois. La prochaine fois que les plaignants viendront vous raconter qui a fait quoi à qui, installez-les tour à tour à la barre et écoutez leur version des faits. Si d'aventure l'un interrompt l'autre, levez la séance. En fin d'audience, demandez à chacun de résumer la version des autres puis aidez-les à trouver une solution commune. Restez impartial et évitez de trancher. Nous reviendrons sur cette technique et ses variantes.

Quand les maris s'en mêlent

On a toujours entendu dire que les parents doivent se montrer solidaires et unis pour tout ce qui relève de la discipline. Rien n'est plus décevant et exaspérant que de se voir désavouer par son conjoint en face des enfants. Et tout bien réfléchi, il n'y a aucune raison pour que mari et femme aient la même conception de la discipline : chacun a son vécu familial propre et par là-même son modèle – autoritaire ou permissif, réservé ou extraverti, sévère ou coulant. Et pour peu que l'un ou l'autre ait été enfant unique, il n'aura aucune idée de ce que peuvent être des relations entre frères et sœurs. Si sous votre toit les conflits entre enfants dégénèrent en conflits conjugaux, rassurez-vous, vous êtes on ne peut plus normaux. Ce qui ne veut pas dire qu'il faille constamment batailler pour prouver que sa méthode est la meilleure.

Dites-vous bien que les enfants ont un sixième sens pour repérer la moindre brèche du front parental. Et ils sont maîtres dans l'art du diviser pour mieux régner. Méfiez-vous, préparez vos stratégies et ne vous en écartez pas d'un iota.

Marc et Sophie n'ont pas du tout la même façon de gérer les disputes de leurs enfants. Elevée dans une grande famille où les batailles de polochon étaient de mise, Sophie aurait plutôt tendance à les laisser se débrouiller. Si le bruit l'empêche de travailler, elle se réfugie sous son baladeur. Une telle indifférence dépasse totalement Marc. Chez lui, quand on se battait, les parents intervenaient aussitôt. Ils ne supportaient pas les éclats. Le couple, en désaccord total sur la question, finit généralement par se crêper le chignon sous les yeux ébahis des enfants.

Je leur propose un compromis : « Marc, puisque vous détestez le bruit, ce qui en soi est bien compréhensible, essayez la technique de la minuterie du four. La prochaine fois que vos enfants se chamaillent, donnez-leur quatre minutes montre en main pour se calmer. Quand le four sonne, s'ils se disputent encore, foncez ! Mais astreignez-vous à respecter ce délai. »

La semaine suivante, Marc revient me raconter l'expérience. A sa grande surprise, il s'est rendu compte que les disputes durent rarement plus de quatre minutes ! « J'ai toujours eu l'impression qu'elles s'éternisaient pendant des heures, mais visiblement ce n'était qu'une impression. »

Autre règle d'or : fixer ensemble les principes sur lesquels vous ne fléchirez jamais. Et veillez à vous y tenir scrupuleusement. Lorsque papa dit : « Demande à ta mère », c'est une façon de baisser les bras.

Or, les enfants doivent savoir qu'ils obtiendront le même son de cloche d'un côté comme de l'autre, sans quoi ils tenteront de semer la zizanie entre les deux parents. Lorsque vous n'êtes pas d'accord avec une décision de votre conjoint, ne l'attaquez jamais devant les enfants. Rien ne vous empêche cependant de leur expliquer que leur père et vous n'êtes pas du même avis, que vous allez en discuter et décider ensemble. Les enfants comprendront mieux qu'un différend peut être réglé autrement que par des cris et des coups.

Diane n'est pas trop regardante sur le carnet de notes, mais Stéphane, lui, est très strict, et les enfants ne s'y trompent pas : lorsque Baptiste récolte une mauvaise note, il va droit vers maman pour faire signer le cahier :

« Tu ne diras rien à papa, hein ? Il va se mettre en colère.

— Tu sais que ton père attache une grande importance à tes notes. Si tu allais la lui montrer toi-même ? »

Ce n'est pas de gaieté de cœur qu'elle le lui propose. Elle aurait voulu dire à son fils qu'elle désapprouve la sévérité de son père, mais le couple s'est promis de dépasser ses dissensions et de ne pas se faire de cachotteries afin de ne pas saboter l'autorité de l'autre.

Souvenez-vous que vous êtes et resterez un modèle pour vos enfants. Évitez donc de vous laisser aller au dénigrement et de décliner le catalogue des noms d'oiseau devant eux. C'est ce qu'a compris Elisabeth à la faveur d'une petite conversation édifiante avec son fils :

« Papa est un con !

— Oh ! Ce n'est pas beau du tout ce que tu dis !

— Ben c'est vrai. C'est rien qu'un con.

— Je t'interdis de parler comme ça de ton père.

— M'en fous ! C'est un con.

— Mais… dis-moi une chose… C'est quoi, au juste, un con ?

— Ben, c'est comme tous les gens qu'on voit quand papa conduit. »

Si vous avez tendance à vous échauffer un peu trop rapidement sur les questions de discipline, préparez un petit pense-bête :

- Il est normal de ne pas être d'accord : chacun a sa propre histoire familiale et une approche différente.
- Ne pas laisser les enfants diviser pour mieux régner. Si papa dit non, inutile d'aller demander à maman, et vice versa.
- Ne pas contredire son conjoint devant les enfants. Attendre qu'ils soient couchés pour régler les comptes.

- Ne pas jouer l'intermédiaire. Encourager les enfants à résoudre directement leurs problèmes avec l'autree parent.
- Ne pas s'acharner à rallier l'autre à son point de vue. Attendre que les choses se calment pour en parler à tête reposée. (Il est déjà très difficile de se changer, et plus encore de faire changer l'autre).

COMMENT DÉSAMORCER LES CONFLITS

Supposons que vous ayez maintenant accepté l'idée que les conflits entre enfants sont inévitables et dans l'ordre des choses. Ce n'est pas pour autant que vous y êtes insensible. Parfois serrer les dents et attendre que l'orage passe ne suffit plus. Vous avez envie d'exploser. Mais ne feriez-vous pas mieux de montrer l'exemple à vos enfants : au lieu de réagir par la colère, trouvez autre chose.

Les parents ne sont pas à court d'idées pour désamorcer les conflits. Au fil de mes ateliers, j'ai recueilli toutes sortes de solutions, qui m'ont permis de tirer cinq grands axiomes :

Annoncez les conséquences

La première chose qu'un enfant doit apprendre, c'est à se fixer des limites, faute de quoi il sera à l'avenir incapable de se rendre compte de la portée de certains faits et gestes.

L'exemple du voyage en voiture est, à cet égard, très parlant. Il terrorise par avance les parents qui voient leur couvée se transformer en fauves en cage. Excédé par les hurlements, les bagarres incessantes de ses trois fils entassés sur la banquette arrière, un papa a adopté une stratégie aussi simple qu'efficace : aux premières hostilités, il se range sur le bas-côté et leur fait faire cinq fois le tour de la voiture au pas de course – qu'il pleuve, qu'il vente ou qu'il grêle. Rien de tel pour les calmer, sans avoir à en passer par les sempiternelles menaces et les sermons. Depuis, dès qu'ils élèvent un peu la voix et sentent la voiture ralentir, ils s'empressent de rassurer leur père : « Non non, papa, ça va, tu peux y aller ! On ne se chamaille pas. »

Nicole parvient généralement à ignorer le vacarme ambiant, mais si elle est obligée d'élever la voix plus d'une fois pour rétablir l'ordre, les enfants savent ce qui les attend : un repas muet. « Ils ont horreur de ça. Si vous saviez la torture que je leur inflige en leur interdisant de parler ! Ils en ont les lèvres qui frémissent d'impatience, mais la règle c'est motus et bouche cousue. »

J'ai été particulièrement impressionnée par la tactique de Barbara : « Très tôt, mes enfants ont appris que taper, c'est se condamner à l'isolement forcé. La violence physique ne résout rien, à quelque âge que ce soit, mais engendre au contraire plus de violence encore. Chez nous, le premier qui frappe est aussitôt envoyé s'asseoir dans un fauteuil ou dans sa chambre. Lorsqu'il revient calmé, je veux qu'il me dise comment il a l'intention de se conduire. S'il me promet de ne plus taper, ça ne me suffit pas. Ce n'est pas ce qu'il n'a *pas* l'intention de faire qui m'intéresse, mais ce qu'il a prévu au lieu de frapper. » La méthode est judicieuse en ceci que l'enfant voit clairement les conséquences de son attitude et est invité à trouver par lui-même une alternative à la violence physique.

Ce type d'équation « action-réaction » remplace avantageusement la punition classique, moins raisonnée. Ici, l'enfant sait très bien à quoi s'attendre en cas de débordement.

Inversement, un comportement positif peut parfois déboucher sur des conséquences agréables, mais ne systématisez pas ce rapport-là en confondant récompense et marchandage. Au lieu de promettre à vos enfants une glace *s'ils* sont sages, offrez-la leur *parce qu'ils* ont été sages.

Soyez clair et précis

« Calmez-vous ! Jouez gentiment ! Taisez-vous ! Arrêtez de vous chamailler ! Soyez sages ! Trouvez quelque chose à faire ! Ne touchez pas à ça ! » Combien de fois par jour vous surprenez-vous à aboyer ces ordres ? Et vous êtes sans doute bien placée pour savoir qu'ils sont parfaitement inefficaces.

Les enfants réagissent beaucoup mieux à des énoncés clairs et concis qu'à des vociférations vagues et rarement adaptées à la situation du moment. Un « Calmez-vous », par exemple, n'engage pour réponse qu'un « Je suis calme, c'est lui qui s'énerve ». De même, un « Arrêtez ! » appelle un « Arrêter quoi ? Nous ne faisions rien. ».

Pour parer à ces risques, préférez les réflexions concrètes, exprimant précisément ce que vous attendez des enfants dans une situation donnée. Une maman, exaspérée d'entendre ses deux fils se renvoyer la balle, résiste héroïquement au démon. Au lieu de les faire taire d'autorité, elle pose ses conditions :

« Vincent, les assiettes vont dans le lave-vaisselle, pas dans l'évier.

— C'est l'assiette de Richard qu'est dans l'évier.

— Il dit n'importe quoi. C'est lui qui a mangé de la glace.

— N'empêche que celle-là, c'est bien la tienne.

— Prouve-le.

— Dites donc les enfants, à votre place je me dépêcherais de remplir le lave-vaisselle, car tant que ce ne sera pas fait, pas de télé. »

Elle ne s'est pas laissée entraîner dans la polémique mesquine des enfants, mais a voulu résoudre le problème de fond. Bien entendu, la technique est toujours celle du bâton et de la carotte, mais du moins a-t-elle le privilège d'exposer clairement vos attentes et de pousser les enfants à se montrer coopératifs.

L'art de la négociation

« A vous de décider », voici la phrase miracle qu'a trouvée Edith pour mettre fin aux chamailleries de ses deux filles de quatre et six ans. « Cela marche à tous les coups : tant qu'elles ne se sont pas mises d'accord sur l'histoire du soir, je refuse de rentrer dans leur chambre. Avant de monter dans la voiture, elles doivent avoir choisi laquelle ira devant. Parfois, elles arrivent à s'arranger pour passer devant chacune à leur tour. Mais dans tous les cas, ce sont elles qui trouvent la solution, pas moi. »

Cette habitude est non seulement très pédagogique, mais remarquablement reposante pour les parents. Nous avons passé l'âge de débattre de questions aussi peu métaphysiques que l'étude comparative, quantitative et qualitative de la sucette rouge et de la sucette bleue. Si les enfants se passionnent pour ces débats, ne les en privez surtout pas et laissez-les parvenir à un consensus.

La discussion est très porteuse tant qu'ils ne s'égorgent pas. Auquel cas, il faut tout d'abord les calmer pour que la violence cède la place au raisonnement. Exposez la nature du problème et encouragez la réflexion. Tout ne se passera peut-être pas sans heurt et la conclusion sera plus ou moins bancale, mais qu'importe ? Le pli sera pris.

Viviane tente cette approche pour couper court à une escarmouche qui oppose sa fille de neuf ans, Émilie, à son cadet, Romuald.

« Il m'a tiré les cheveux, sanglote Émilie.

— Elle m'a volé la télécommande. »

Viviane les envoie d'abord se calmer dans leur chambre. Elle les rappelle cinq minutes plus tard pour le goûter et entame les négociations :

« Bon, vous allez me raconter ce qui s'est passé chacun à votre tour et sans interrompre l'autre. Moi, je prends des notes. Qui veut commencer ?

— C'est elle qui a commencé. Je regardais tranquillement mon dessin animé et elle est venue zapper.

— C'est pas vrai, tu ne regardais même pas. Tu jouais avec ton circuit.

— Si, je regardais d'abord, avec un œil.

— Supposons que Romuald regardait. Ensuite, que s'est-il passé ?

— Il m'a tiré les cheveux.

— Elle voulait pas me rendre la télécommande.

— Et c'est pour ça que tu lui as tiré les cheveux ?

— Ben oui, pour qu'elle la lâche.

— Bon, récapitulons. Si j'ai bien noté, Émilie est venue zapper en pensant que Romuald ne regardait pas la télé. Mais Romuald la regardait du coin de l'œil. Il a essayé de récupérer la télécommande mais Émilie ne l'a pas laissé faire. Donc, il lui a tiré les cheveux, c'est cela ?

— Oui.

— Oui.

— D'après vous, comment pourrions-nous résoudre le problème ?

— Il n'a pas le droit de me tirer les cheveux, il faut le punir.

— Et c'est toi qui as commencé. Tu n'y es pas pour rien.

— Si je vous punis tous les deux, vous êtes sûrs que ça résoudra quelque chose ?

— Non, elle va recommencer. On n'a qu'à se mettre d'accord une fois pour toutes.

— Bonne idée ! Sur quoi par exemple ?

— Si quelqu'un est devant la télé, on commence par lui demander s'il la regarde.

— C'est ça. Comme ça, tu peux dire n'importe quoi, même si tu regardes pas.

— Ben non, je mens pas, moi !

— Tiens, mon œil !

— Bon, échec du premier round. Vous avez d'autres idées ?

— Moi, je préférerais qu'on fixe des après-midi où chacun choisirait ses émissions. Et l'autre n'aurait rien à dire. S'il veut changer de chaîne, il doit demander.

— Qu'en dis-tu, Romuald ?

— J'ai pas confiance. Elle va dire que c'est toujours son jour.

— Je vous propose de faire un essai : allez chercher le programme de la semaine prochaine et choisissez vos jours. Si ça ne marche pas, on trouvera autre chose. »

Ils se précipitent sur le programme et passent une bonne heure à se répartir les émissions de la semaine.

Viviane avoue qu'elle a eu du mal à ne pas imposer son diktat. « Et pour être tout à fait franche, ajoute-t-elle, j'avais vraiment mieux à faire. Mais je n'ai pas perdu mon temps, car même si les enfants ne sont pas parvenus à un accord parfait, ils ont découvert une façon de régler leurs différends. Maintenant, dès que je leur demande s'il faut que je prenne des notes, ils comprennent. Et plutôt que de me mêler à leurs histoires et de perdre un quart d'heure à discuter, ils préfèrent s'arranger entre eux. »

Cet apprentissage de la négociation est en effet un précieux acquis pour les enfants, qui leur servira énormément dans leur vie d'adulte et les habituera à faire la part des choses, à poser les données d'un problème et à trouver des compromis.

Je vois d'ici des parents lever les bras au ciel, persuadés que leurs enfants à eux seraient incapables de la moindre tractation. Mais qui sait ? On ne perd rien à essayer. En témoigne l'expérience d'Hélène, qui s'est laissée surprendre par les facultés insoupçonnées de ses deux garçons. « C'était une situation classique, je leur lisais leur histoire assise entre eux. Tout d'un coup, ils se sont mis dans la tête que la meilleure place était à ma droite, allez savoir pourquoi. Et bien entendu, chacun voulait être à ma droite, et seul. N'y tenant plus, j'ai refermé le livre et je les ai plantés là, leur donnant trois minutes pour se mettre d'accord. Quand je suis revenue, ils avaient trouvé la solution. Le grand s'installerait à ma droite et son petit frère, sur ses genoux. Moi qui croyais qu'il n'y avait qu'une place à ma droite, j'en suis restée bouché bée… et ravie. »

sachez détourner l'attention

Lorsqu'une question n'a apparemment aucune issue immédiate, au lieu de laisser les enfants tourner en rond, mieux vaut les aider à penser à autre chose. La ruse marche surtout avec les petits, qui se laissent plus volontiers distraire. Ainsi, au lieu de vous escrimer à les ramener à la raison, proposez-leur d'appeler grand-mère, d'aller faire un tour au parc ou de goûter.

Le recours à l'humour est souvent une planche de salut dans ces situations. Juliette a découvert qu'il lui suffit de prendre ses deux adolescents et le benjamin au dépourvu pour couper court aux bisbilles : « Les deux grands se harcelaient littéralement. Je ne me sentais pas la force de crier et de toute façon, ce n'est pas ce qui les aurait arrêtés. J'ai eu l'idée lumineuse de jouer l'effet de surprise. "Attendez une seconde, les enfants ! Je cours chercher la vidéo. Ce combat homérique doit absolument rester dans les annales." Ils se sont figés en me regardant avec de grands yeux, comme si j'étais devenue complètement folle. Et quand ils m'ont vue commencer à filmer, ils ont éclaté de rire. Dommage, car j'aurais bien aimé garder la scène pour la montrer à leurs futurs enfants. »

Le rire est un exutoire de choix. Cette autre maman qui, pour calmer les esprits, oblige ses enfants à s'asseoir face à face les mains derrière le dos, finit toujours par les voir pouffer et retrouver leur joie de vivre.

La séparation physique des belligérants est doublement efficace : non seulement elle met fin aux coups et ecchymoses, mais de plus, les enfants ont horreur d'être séparés. Souvenez-vous que s'ils se battent, c'est surtout par plaisir. « Dès que les jumeaux s'arrachent un jouet ou la télécommande, je les envoie chacun à un bout de la pièce, confie Sandrine. Ils restent jouer dans leur coin un quart d'heure. Pour eux, c'est interminable. En moins de trois minutes, ils s'envoient des œillades complices, se chuchotent des secrets et je les vois ramper discrètement l'un vers l'autre. Jouer tout seul, c'est pire que le goulag. »

Là encore, il ne s'agit pas tant de les punir que de leur donner le temps de se calmer. Présentez la chose comme telle en leur faisant comprendre que puisqu'ils se portent sur les nerfs, le mieux est de prendre des distances un instant pour mieux se retrouver.

Apprenez-leur à se défendre seul

Si les enfants démarrent au quart de tour à la moindre provocation, c'est souvent parce qu'ils se sentent blessés dans leur amour-propre. L'amorce de la dispute est une attaque ciblée sur le point le plus vulnérable de l'adversaire. Les parents ne peuvent empêcher ce mécanisme, mais pourquoi ne pas profiter de l'occasion pour armer les petites victimes trop susceptibles ?

A sa fille éplorée qui vient se réfugier dans ses jupes, une mère tient les propos suivants :

« Maman, Jonathan m'a traitée de bébé.

— Ah bon, parce que tu es un bébé, toi ?

— Non, c'est pas vrai.

— C'est bien ce que je pensais. Comme quoi, ce n'est parce qu'il le dit que c'est vrai. Tiens justement, aujourd'hui j'ai vu que tu avais vraiment bien plié tes vêtements, ce n'est pas un bébé qui ferait ça. Mais ce qui m'étonne, c'est que tu croies tout ce que dit ton frère. »

La petite se rend compte qu'à la réflexion, elle peut très bien échapper aux agressions gratuites de son frère. Il est d'autant plus important de susciter ce type de raisonnement chez les petites filles qu'elles sont trop souvent élevées dans un esprit de soumission : on n'attend d'elles que gentillesse, sourires et douceur, même lorsqu'on s'amuse à les rabaisser. A nous donc de les aider à se constituer une cuirasse qui leur permettra de s'affirmer et de ne pas tomber dans le piège de la victime.

Certes, il n'est pas toujours facile de trouver les mots justes et il arrive que le message soit mal interprété. Mon mari et moi en avons fait la triste expérience après la naissance de Todd. Nous nous étions acharnés à faire comprendre à Éric, l'aîné, qu'il était strictement interdit de frapper son petit frère. Il l'a parfaitement compris et jamais n'a eu recours à une quelconque agression physique. En grandissant, Todd est devenu plus fort que lui et en a profité. Nous étions à mille lieues de nous douter que le petit martyrisait le grand qui, lui, n'osait pas riposter. Un jour, mon mari a surpris Todd en flagrant délit. Éric était en larmes. « Eh bien, défends-toi, idiot ! », lui a crié son père. « Mais je croyais qu'on n'avait pas le droit de se battre », répliqua-t-il entre deux sanglots. En fait, dans l'esprit d'Éric, l'interdiction de frapper revenait à encaisser les coups sans broncher. Nous avions bien insisté pour inculquer ce principe de base à Éric, mais avions totalement négligé d'en faire autant pour son frère, sous prétexte qu'il était plus jeune ! Il a fallu remettre les pendules à l'heure, en veillant à bien faire la distinction entre se défendre et attaquer. Bien que la frontière soit parfois ténue, il s'agit de trouver le juste milieu entre le fait de s'affirmer et la volonté d'écraser l'autre.

Dans le modèle de société actuel, où la violence trace une ligne de démarcation entre victimes et tyrans, cet enseignement est sans doute le plus beau cadeau que nous puissions faire à nos enfants.

ET QUAND LA COUPE EST PLEINE ?

Que celui ou celle qui n'est jamais entré dans une colère noire nous jette la première pierre ! Avouez que les enfants n'ont pas leur pareil pour faire sortir de leurs gonds les adultes les plus angéliques. Nous sommes tous passés par là, et la terre a continué de tourner. Si vous explosez, efforcez-vous tout simplement de rattraper le coup par la suite et passez à autre chose. Vous ne perdrez pas votre prestige en présentant vos excuses, car après tout, être père ou mère ne nous empêche pas d'être humain.

Hélène est la mère la plus imperturbable que j'aie jamais rencontrée. Elle a d'autant plus de mérite qu'elle élève seule ses quatre enfants : des jumeaux de onze ans et deux fillettes de cinq et dix ans. J'avais l'impression que rien ne pouvait l'atteindre et que jamais elle n'avait eu un mot plus haut que l'autre à la maison. Pourtant, ses chenapans ont réussi à la faire craquer : « Je les avais emmenés au restaurant et tout le monde était de bonne humeur. Et voilà qu'en plein dîner, Benoît chuchote à sa sœur le nom de l'amoureuse de son frère Cyril. La grande se met à ricaner bêtement et s'empresse d'ânonner le nom de la bien-aimée. Cyril, rouge de colère, lui envoie un grand coup de pied dans les tibias. La gamine se met à hurler. C'en était trop. Ils savent parfaitement que chez nous, on ne tape pas. Il a fallu que Cyril vienne gâcher un repas dont nous nous faisions tous une fête. J'étais tellement hors de moi que c'est parti tout seul. "Tu ne mérites pas de faire partie de la famille !" Le malheureux a fondu en larmes. Moi, je ne savais plus où me mettre. Je l'ai immédiatement pris dans mes bras pour m'excuser : "Je suis désolée, mon trésor. Je ne pensais pas ce que j'ai dit et je ne suis pas fière de moi du tout. C'est un petit peu tôt pour te demander d'oublier, mais j'espère que tu me pardonneras." Il s'est très vite calmé et nous avons continué de manger. En sortant du restaurant, il m'a chuchoté à l'oreille : "Je te pardonne, maman". »

Cet épisode fut pour Hélène une révélation : présenter ses excuses à un enfant que l'on a blessé consolide la relation de confiance et crée un rapport de complicité.

Il est également souhaitable de revenir à froid sur l'incident afin d'éviter qu'il ne se reproduise.

Nous sommes trop souvent tentés de répondre aux conflits entre frères et sœurs par la colère ou les représailles, alors qu'il vaut bien mieux laisser les enfants résoudre par eux-mêmes leurs différends et, au besoin, leur témoigner quelque compassion. C'est avec beaucoup de tact qu'Aline est ainsi parvenue à calmer sa petite Camille :

« Lionel m'a donné un coup de poing dans le dos et je ne lui avais rien fait !

— Tu voudrais que j'aille le gronder ?

— Oui !

— Et tu voudrais que je le punisse ?

— Oui !

— Je sais bien qu'il t'exaspère. Ce n'est pas rose tous les jours de supporter un petit frère, hein ? »

Ce n'est pas ce type de constat, ni même la compassion d'une mère, me direz-vous, qui suffira à effacer l'offense ni les rancœurs. Seul le temps cicatrisera ces blessures. Le simple fait de prêter une oreille bienveillante à l'enfant et de le prendre au sérieux peut toutefois le consoler et contribuer à évacuer la colère.

Lorsque Éliane a entendu son fils de trois ans lui asséner qu'il détestait purement et simplement sa grande sœur, elle a tout d'abord été tentée de le réprimander :

« C'était si vilain dans sa bouche que ma première réaction aurait été de lui démontrer par *a* + *b* qu'il n'avait pas le droit de la détester. Mais je me suis retenue et je lui ai demandé pourquoi il la détestait, sans vraiment attendre d'explication. Il m'a étonnée : “Je la déteste parce que tu l'aimes.” Il ne m'est venu qu'une réponse : “Eh bien, ça, c'est une raison, au moins !” Et je l'ai serré dans mes bras en lui disant combien je l'aimais, lui aussi. Il n'en fallait pas plus pour lui rendre le sourire et avoir droit à un gros câlin. »

LES RIVALITÉS ONT DU BON

A un groupe de parents qui se plaignaient des incessantes chicaneries de leurs enfants, je proposai le scénario suivant : « Imaginons que par un coup de baguette magique, nous mettions fin à toutes les disputes, les rivalités et à l'esprit de compétition de nos chers petits. Vous demanderiez au grand de partager son jouet avec le petit, et il vous répondrait : "Mais bien sûr, maman, et tant pis s'il le casse." Votre fille insisterait systématiquement pour que ce soit son frère qui prenne place à l'avant de la voiture. Le mercredi après-midi, l'aîné proposerait spontanément de regarder le dessin animé préféré de sa petite sœur, non sans lui avoir offert, magnanime, de finir le paquet de chips. » La salle hilare – et quelque peu mal à l'aise – hésita un instant entre la vision d'apocalypse et le film comique. « A supposer que la fiction tourne à la réalité, finit par avouer une mère, je ne suis pas certaine que ça me ravirait ! Je ne sais pas pourquoi, mais ça me donne la chair de poule ! »

Et pour cause : ces parents avaient fort bien compris que si leurs enfants ne se houspillaient ni ne se querellaient jamais, ils passeraient à côté de quelque chose d'essentiel. Les rivalités ont en effet un aspect très constructif : elles sont pour eux l'occasion de savoir jusqu'où ils peuvent aller, de s'affirmer, d'apprendre à faire valoir leurs désirs et leurs besoins et ce, dans le cadre rassurant de la famille. Elles ont par ailleurs le privilège de rapprocher les frères et sœurs.

A les voir rapporter, exprimer sans détour leur haine et leurs rancœurs, il nous semble parfois que le lien de solidarité qui les unit est bien fragile. Ne nous y trompons pas. Un père de famille évoque une anecdote de sa propre enfance : « Un jour, en rentrant de l'école, je vois un grand martyriser une petite fille dans le bac à sable. La pauvrette hurlait. Du haut de mes huit ans, je me précipite à sa rescousse, et j'accoste sans complexe le grand gaillard : "Laisse-la tranquille !". Il me regarde, perplexe, et hausse les épaules : "C'est ma sœur !". Et la petite renchérit : "Ben oui, c'est mon frère. Fiche-lui la paix. Il a le droit de me taper, s'il veut." » L'histoire se passe de commentaires !

Édith attendait avec appréhension le résultat des sélections de l'équipe de gymnastique de l'école, qui donnerait le grand spectacle de fin d'année. Ses deux filles avaient postulé, et elle savait très bien que la petite de sept ans, Ingrid, serait prise, alors que son aînée, Nadège, n'avait aucune chance. « J'en faisais des insomnies ! Mais le jour venu, elles m'ont impressionnée toutes les deux : Nadège était déçue, bien entendu, mais au lieu d'aller bouder dans son coin, elle a demandé à sa petite sœur de l'aider à s'entraîner pour se préparer pour l'année prochaine. Ingrid était excitée comme une puce, mais elle s'est bien gardée de fanfaronner et a attendu que Nadège soit sortie pour annoncer la bonne nouvelle à sa grand-mère. J'avoue que je ne l'aurais jamais crue capable d'un tel fair-play ! Elle sentait bien que sa sœur était assez blessée comme ça et que ce n'était pas la peine d'en rajouter. J'étais tellement fière d'elle que j'ai couru la féliciter ! »

Bien des parents craignent qu'en grandissant, leurs enfants soient incapables de dépasser leur jalousie. « Dès qu'ils pourront partir chacun de leur côté, se dit-on, ils s'éviteront comme la peste. » Souvenons-nous plutôt de notre propre expérience : « Nos disputes désespéraient mes parents, confie une jeune femme, mais mon frère et moi adorions nous voler dans les plumes ! »

Thomas, lui, se rappelle à quel point son cadet pouvait l'exaspérer : il était toujours dans ses pattes, débarquait systématiquement dès qu'il y avait un copain à la maison, et pleurnichait pour un rien. « Avec le recul, je me suis rendu compte qu'il avait besoin de se mesurer à moi, d'attirer l'attention, de s'affirmer ; et que moi aussi, j'avais besoin de me mesurer à lui. Aujourd'hui, nous n'en sommes plus là, fort heureusement. Nous avons énormément de points communs et beaucoup de choses nous rapprochent : nous sommes papas tous les deux et nous nous occupons ensemble de notre vieille mère. Pour tout dire, nous avons même d'excellents souvenirs de nos bagarres les plus féroces ! »

Un petit exercice infaillible permet aux parents inquiets de retrouver un peu de sérénité : énumérez les sentiments que vous souhaiteriez voir manifestés par vos enfants. Si vous répondez : amour, complicité, confiance, loyauté, intimité et affection, bravo, vous êtes normal ! Rafraîchissez-vous maintenant la mémoire : quels sentiments éprouviez-vous à l'égard de vos frères et sœurs ? Exaspération, rancune, jalousie, ennui, rejet, honte, haine ? Encore bravo ! Vous êtes toujours normal ! Et si vous avez ajouté à la liste « amour, admiration et protection », c'est sans doute parce qu'il y avait une assez grande différence d'âge entre vous et les autres. Conclusion ? Vos enfants aussi, sont parfaitement normaux ! Pour achever de vous rassurer, demandez-vous si les luttes fratricides de votre jeunesse ont laissé des séquelles irréversibles sur vos relations d'adultes. Le cas est extrêmement rare ; les jalousies d'antan s'émoussent ou disparaissent généralement avec le temps et la maturité.

La relation entre frères et sœurs est unique en son genre. Aucun autre rapport humain n'est plus intense, n'induit une telle intimité – pour le meilleur et pour le pire ! Comme le disait avec beaucoup d'humour l'auteur d'un ouvrage aussi drôle qu'émouvant sur la jalousie entre sœurs : « Vous parviendrez peut-être à duper vos parents, mais votre sœur vous connaît mieux que quiconque : elle vous a vue tirer la queue du chat, vous a entendu mentir à votre meilleure amie ; elle sait que vous avez triché à l'interro de maths. Et elle est mieux placée que le Père Noël et le Père Fouettard réunis pour savoir si vous avez été gentille ou méchante pendant l'année. » Cette familiarité est parfois bien embarrassante, mais elle tisse des liens indéfectibles et exceptionnels, que l'on en vient à chérir plus que tout avec l'âge.

Chapitre 5

L'ENGRENAGE DU « C'EST PAS JUSTE »

« Au début, nous tournons autour de nos parents comme des planètes qui se disputeraient la place la plus proche du soleil. »

Laura Markowitz

« J'ai l'impression d'être une vraie toupie », me confie un jour Mireille, mère de trois enfants. L'image me fait sourire, car je la trouve on ne peut plus parlante. Je m'imagine cette maman prise dans un tourbillon pour tenter de satisfaire les exigences de ses trois bambins : « Ils en veulent toujours plus. Je fais mon possible pour contenter chacun tout en évitant soigneusement de faire des jaloux. Mais comment voulez-vous vous montrer équitable quand vous avez des enfants de dix, quatre et deux ans ? » soupire-t-elle.

Bonne question, en effet. Quels que soient nos efforts, nos chers marmots ne sont jamais contents ou s'estiment lésés par rapport aux autres. Et il n'y a rien de plus frustrant pour une mère que d'entendre sa progéniture lui faire des reproches. « J'ai le sentiment de n'être jamais à la hauteur. Quoi que je fasse, je tombe toujours à côté. Et il y en a toujours un pour me dire que je ne suis pas juste », me confie une autre mère découragée.

A cet égard, les enfants semblent dotés d'un sixième sens qui leur permet de déceler la moindre injustice. Je dirais même qu'ils possèdent un sens inné de l'équité. Bien avant d'avoir appris l'article 1 de la Déclaration des Droits de l'homme, ils n'ont qu'un mot à la bouche, qu'ils clament haut et fort : égalité ! Et les voilà qui vous assènent des « C'est pas juste ! », « Il en a plus que moi ! », « Pourquoi je devrais le faire, et pas elle ? » ou encore « Tu prends toujours sa défense ! » sans oublier le coup de grâce : « De toute façon, tu l'aimes plus que moi ! »

Évidemment, les parents tombent dans le piège. Minés par la culpabilité, ils éprouvent le besoin d'expliquer, de raisonner et de se justifier. Ils s'arrachent les cheveux à vouloir tout diviser – en parts rigoureusement égales –, depuis leur amour jusqu'aux pépites de chocolat sur la boule de crème glacée. Comme cette mère qui décide de noter scrupuleusement, sur une feuille fixée à la porte du frigo, le nom du dernier qui a eu l'insigne privilège de s'asseoir à l'avant dans la voiture. Fière de sa trouvaille, elle pense avoir résolu le problème, jusqu'au jour où Pierre, l'aîné, l'accuse de s'être trompée en inscrivant le dernier nom :

« Tu t'es trompée, ce n'est pas moi qui me suis assis devant, hier. C'est Carole, s'exclame-t-il sur un ton faussement indigné.

— Pas du tout, j'ai noté ton nom dès notre retour à la maison.

— C'est pas vrai, et c'est pas juste. De toute façon, t'es jamais juste. »

Comme nous le montre cet exemple, les parents les

mieux intentionnés ne tardent jamais à s'apercevoir de la futilité de leurs efforts. Rien ne saurait être parfaitement égal, et même lorsque les parents pensent se montrer équitables, leurs enfants trouvent toujours quelque chose à redire. A vouloir ménager toutes les susceptibilités, on en est réduit à marcher sur des œufs et on finit par s'empêtrer lamentablement dans des comptes d'apothicaire.

Combien de parents se sont escrimés à expliquer à leurs enfants que justice ne rime pas forcément avec égalité... Mais le message a bien du mal à passer : les gamins s'obstinent à compter un à un les corn flakes dans le bol de l'autre, à faire l'inventaire des cadeaux et à enregistrer infailliblement les détails les plus insignifiants de la vie de famille, depuis celui qui a choisi l'émission de la veille, jusqu'au dernier privilégié qui a eu le droit de pousser le caddie au supermarché. Rien n'échappe à leur œil de lynx !

Ils s'acharnent d'autant plus à revendiquer leurs droits que la tactique paie. Un petit stage de stratégie politique ne ferait pas de mal aux parents : montrez-vous à l'écoute, mais ne répondez pas aux provocations. Refusez de mettre un doigt dans l'engrenage, vous vous apercevrez vite que la lutte cesse faute de combattants. Ce papa éduqué à bonne école nous donne sa recette : « Dès que j'entends la ritournelle du “C'est pas juste”, je tranche par un : “Tu as raison, camarade !”. Ça leur cloue immanquablement le bec. »

A tenter de vous justifier ou de rétablir la balance, vous serez toujours perdant. Aucun de vos raisonnements ne résistera à la logique imparable des enfants. En témoigne l'incident que nous rapporta Sandrine, et qui n'était pas sans rappeler quelque chose à la plupart des participants du stage :

« J'en ai marre, Joëlle a toujours tout ce qu'elle demande, elle !

— Allons, Maxime, tu sais bien que ce n'est pas vrai !

— Si, c'est vrai : tu lui as donné le dernier yaourt à la fraise, et moi j'en voulais aussi.

— Elle a demandé la première, voilà tout.

— Tu vois ? C'est bien ce que je dis ! Elle n'a qu'à demander et tu lui donnes ! »

A force de chipoter sur tout et n'importe quoi, ils finissent par vous faire perdre les pédales ! Mais pourquoi tant de mesquinerie, alors même que vous déployez tant d'efforts pour justement ne léser personne ? Ne vous laissez pas impressionner par l'objet des récriminations : au fond, il ne s'agit pas du tout d'avoir autant de bonbons, jouets, et autres privilèges que l'autre, mais d'accaparer l'affection et l'attention des parents et de ne surtout pas en laisser une goutte à l'autre. Dans ces conditions, il est impossible de se montrer impartial, et plus encore de créditer « l'illusion de l'enfant unique » que chacun de vos petits se plaît à entretenir. Lorsqu'ils lancent leur cri de guerre : « C'est pas juste », comprenez : « M'entends-tu ? Je suis là ! Unique, exceptionnel, intéressant, agréable, adorable. As-tu seulement conscience de mon originalité ? » Ainsi, au lieu de perdre votre temps à répartir équitablement les bonbons par couleur, efforcez-vous de lire entre les lignes.

A CHACUN SELON SES BESOINS

Nous l'avons compris, il serait surhumain de prétendre à une équité absolue envers tous les enfants d'une même couvée. Il vous faudrait toute la sagesse du roi Salomon pour trancher, et encore : les enfants seraient bien capables de vous pousser à couper le bébé en deux ! Après quoi, en auraient-ils une moitié chacun qu'ils ne seraient toujours pas satisfaits. Car à les traiter sur un pied d'égalité, on ne fait qu'aggraver notre cas en persistant à ignorer leur besoin d'unicité.

J'en fis moi-même la pénible expérience à l'adolescence. Mon père, homme bourru par nature, ne savait pas exprimer ses sentiments. J'avais l'impression qu'il me connaissait mal et ne savait pas m'apprécier à ma juste valeur. J'étais déjà mère de famille lorsque, enfin, à plus de trente ans, j'ai osé lui poser la question : « Dis papa, est-ce que tu m'aimes vraiment ? » Désarçonné, il mit quelques secondes avant de me répondre, gêné : « Mais bien sûr ! Je t'aime autant que tes frères et sœurs. » Il s'était sans doute voulu rassurant, mais ce n'est pas ce que j'attendais. Je me sentais blessée car il n'avait pas su trouver les mots pour me dire ce qu'il aimait en moi, particulièrement, qui me distinguait des autres. En lieu de quoi il m'avait remise dans le même panier que mes frères et sœurs. Cet incident confirma mon intuition : à ne vouloir faire aucune différence entre « les » enfants, les parents en oublient de valoriser le caractère de chacun. Or, tout individu, et plus encore un enfant, a des besoins spécifiques, plus ou moins marqués, qu'il convient de respecter, au mépris de la sacro-sainte égalité.

Catherine a eu l'occasion de s'en apercevoir avec ses jumeaux de dix ans : « Je mets un point d'honneur à les traiter exactement pareil, peut-être trop même. Il faut dire qu'avec des jumeaux, on se sent encore plus obligée de donner autant d'amour à l'un qu'à l'autre. Mais la semaine dernière, en rentrant de l'école, Clément n'avait pas l'air dans son assiette. Comme il est plutôt d'une nature enjouée, j'ai immédiatement compris que quelque chose le chiffonnait. Mais il a esquivé toutes mes questions jusqu'au soir. C'est lorsque je suis allée le border qu'il a craqué : il a fondu en larmes et m'a raconté qu'un de ses camarades lui avait donné un coup de poing et jeté son cartable par terre. Sentant qu'il avait besoin de parler, je lui proposai de venir boire un lait chaud avec moi. Jérôme s'est aussitôt interposé : « Mais c'est l'heure de se coucher ! Pourquoi il a le droit de redescendre, lui ? » Je me sentais un peu coupable de favoriser Clément, mais il avait vraiment besoin de ce moment d'intimité, et pas son frère. Je pris des gants pour ménager Jérôme : « Dans certaines circonstances, il faut savoir faire des exceptions. » Sur le moment, il n'a pas compris, tant il était occupé à ressasser cette injustice. Mais lorsque son tour viendra et que je réagirai de la même façon pour lui, il verra bien qu'il ne s'agissait pas du tout d'une injustice. »

Demi-frères : l'injustice suprême

Lorsque la famille intègre, par remariage, des enfants de parents différents, l'affaire se complique singulièrement.

En situation « normale », les enfants ont déjà une fâcheuse tendance à voir l'injustice partout, mais rien n'est pire à leurs yeux que de se retrouver contraints de partager leur univers avec des frères et sœurs venus d'ailleurs. Lorsque toute une couvée grandit ensemble, chacun apprend peu à peu à connaître les autres et à se faire sa place, mais dès qu'une pièce rapportée arrive dans les valises de beau-papa ou de belle-maman, tout cet équilibre durement acquis s'effondre.

L'idée de vivre au milieu d'une marmaille joyeuse et chahutant à loisir ravit les nostalgiques des familles nombreuses. Mais la réalité a tôt fait de les ramener sur terre. Les enfants, aussi jaloux de leur territoire, de leur petites affaires, de leur place à table, de leur chambre, de leur chat, de leur chien que de l'attention exclusive de leurs parents naturels, supportent très mal les intrus.

« J'avoue que j'ai eu beaucoup de mal à m'habituer au fils de mon mari. A quatorze ans, c'est l'âge ingrat, c'est vrai, mais il avait le chic pour me mettre hors de moi en moins de temps qu'il ne faut pour le dire et ne manquait pas une occasion de me faire remarquer que je privilégiais ma fille. C'était absolument faux. Je me suis surprise plus d'une fois à maudire sa présence. J'avais l'impression de lui consacrer tout mon temps au détriment de ma propre fille, et pour ne rien arranger, il s'évertuait à semer la zizanie entre son père et moi. L'ambiance se dégradait de jour en jour ». L'expérience de cette jeune maman n'a rien d'exceptionnel. Comment espérer que des enfants élevés dans des maisons différentes s'accommodent du jour au lendemain à vivre sous le même toit ?

Perrine passe sa journée à arrondir les angles entre sa fille et la fille de son deuxième mari :

« Natacha est assez grande pour comprendre que nous traversons une période de transition. Je pensais pouvoir compter sur elle, mais elle est tellement jalouse de la petite Marion que c'en est invivable. La dernière fois, elle m'a fait une scène impossible parce que j'avais rapporté un jouet à sa demi-sœur. Pourtant, Dieu sait que Natacha est gâtée.

— Elle se sent peut-être un peu délaissée, que vous le vouliez ou non ? L'arrivée de Marion a changé beaucoup de choses pour elle ?

— Bien sûr, cela n'a pas été tout seul. Nous ne passons plus autant de temps toutes les deux ensemble.

Mais je ne peux tout de même pas laisser Marion dans son coin !

— Essayez de lui réserver une soirée de temps en temps, quitte à faire appel à une baby-sitter. »

Quelque temps plus tard, Perrine nous raconte l'agréable dîner qu'elle a passé en compagnie de sa fille dans un restaurant où elles avaient jadis leurs habitudes :

« Ça fait du bien de se retrouver ici toutes les deux. Ça commençait à me manquer.

— A moi aussi, ma chérie. C'est vrai que je ne te consacre plus autant de temps qu'avant.

— On a changé de famille, maintenant, je ne t'intéresse plus.

— C'est ce que tu penses ?

— Non, pas vraiment. Mais Marion est tellement pénible, il faut toujours qu'elle s'interpose.

— Ce n'est pas facile de vivre avec une petite sœur.

— Surtout que c'est même pas ma vraie sœur.

— Oui d'accord…

— Quand elle est là, c'est-à-dire tout le temps, moi je n'existe plus.

— Ah, ça te fait ça à toi aussi ? Il faut dire qu'il en prend de la place, ce petit bout de chou de cinq ans. Tu veux que je te dise un secret ?

— Quoi ?

— Moi aussi, il m'arrive de regretter l'époque où nous n'étions que toutes les deux. Ma vraie fille, c'est toi. Et ça, c'est irremplaçable. Mais je ne voudrais pas que Marion se sente rejetée chez nous. Si tu pouvais me donner un petit coup de main, ce ne serait pas de refus.

— Mmh. J'peux essayer.

— A deux, on y arrivera peut-être mieux. Tu sais, c'est tout nouveau pour moi aussi, cette grande famille. »

En créant ainsi un lien de complicité avec sa fille, Perrine la rassure sur sa place privilégiée. « Ce repas nous a tellement rapprochées que nous avons décidé de nous prendre un soir par semaine, sans les autres. Natacha est ravie, et je dois dire que l'idée ne me déplaît pas non plus. Je me suis rendu compte que j'avais envie d'être avec elle en tête à tête de temps en temps. Cela ne retire rien à la petite Marion, au contraire d'ailleurs, car c'est elle qui en bénéficiera la première si Natacha est mieux dans sa peau. »

En tant qu'adultes, nous avons déjà du mal à adapter notre mode de vie à celui d'une compagne ou d'un compagnon. Rien d'étonnant à ce que les enfants qui, eux, n'ont décidé de rien, soient encore plus réticents. L'essentiel est de laisser chacun s'exprimer et de contribuer à l'élaboration des règles de vie au sein de la nouvelle famille. Il suffit parfois d'un rien pour rassurer l'enfant chagriné : un panneau « entrée interdite » sur la porte de sa chambre, des coffres à jouets de couleur différente pour chacun ou une sortie avec lui tout seul, et le tour est joué.

Les enfants de votre conjoint ne vous accepteront pas forcément d'emblée et vous assèneront volontiers quelques vérités bien senties. Rassurez-vous, ils ne vous visent pas directement. Là encore, il y a un message à décrypter. Monique a résisté stoïquement aux flèches de son beau-fils de dix ans et, au lieu de s'emporter, a cherché à lui parler :

« D'abord, t'es pas ma mère. Alors t'as pas le droit de me donner des ordres.

— Je ne suis pas ta mère, c'est un fait. Mais si je te donne des ordres, c'est tout simplement parce qu'avec ton père, nous avons fixé certaines règles auxquelles ni toi ni personne n'échappe dans cette maison. »

Monique reconnaît qu'elle a bien failli démarrer au quart de tour. Or en soulignant qu'il n'y avait aucun lien entre le fait qu'elle ne soit pas sa mère et le fait qu'elle puisse donner des ordres, elle coupe court à une logique tendancieuse et désarme le bonhomme.

Les écueils de l'équité

De toute évidence, en cherchant à traiter rigoureusement de la même façon chacun des enfants, nous partons sur de mauvaises bases. Gardez à l'esprit l'adage : « Donnez, et il vous sera reproché » ! Quoi que vous fassiez, vous aurez droit au « c'est pas juste ». Pour y parer, voici quelques techniques qui ont fait leurs preuves.

Ne rabâchez pas que la vie est injuste

Mis au pied du mur, bien des parents ne trouvent rien de mieux à répondre que : « C'est la vie ! » Cette phrase, qui revient à toutes les sauces, ne doit pas donner à nos enfants une vision très optimiste de la vie. D'ailleurs, ils sont encore à mille lieues de s'interroger sur le sens de notre passage sur terre. La seule chose qu'ils voient du haut de leur mètre vingt, c'est que leur sœur a eu plus de jus d'orange qu'eux et que le jouet du petit est bien plus beau que le leur. En ramenant leur dépit à une dimension qui les dépasse, non seulement vous bafouez leurs sentiments, mais vous confirmez en outre cette impression d'injustice. Or, à la maison, le tout-puissant – et donc le responsable – c'est vous. Christian ne l'a d'ailleurs pas envoyé dire à sa maman :

« C'est pas du jeu que Constant aille en colo et pas moi ! C'est toujours lui qui a tout.

— Constant est plus grand. Quand tu auras dix ans, toi aussi tu iras.

— Je veux y aller maintenant. C'est pas juste.
— Mais la vie n'est pas juste, mon chéri.
— C'est toi qu'es pas juste. »

Si cette maman s'était contentée d'admettre l'injustice de la situation, elle aurait coupé court à toute récrimination. A défaut, elle aurait tout aussi bien pu compatir :

« Je veux y aller maintenant. C'est pas juste.
— C'est vrai que c'est dur d'être petit parfois. On a l'impression que personne ne veut de vous. »

Elle n'aurait peut-être pas entièrement consolé son fils, mais du moins aurait-il apprécié cette compréhension. Dans son for intérieur, Christian sait très bien que son tour viendra, mais en attendant il se sent lésé. Au lieu de lui refuser ce sentiment de frustration et de le placer face à une quelconque fatalité, il aurait mieux valu être à l'écoute et ne pas lui dicter ses pensées. Une autre maman comprit parfaitement la jalousie de sa fille de trois ans, dont le grand frère commençait l'école : « Je me suis revue à son âge, à me morfondre derrière la fenêtre en regardant mes frères gambader sur le chemin de l'école. Je n'attendais qu'une chose : être assez grande pour avoir moi aussi mon cartable et mes souliers neufs. Il m'arrivait de rester des heures entières à guetter leur retour. Je lui ai raconté ces souvenirs terribles et cela lui a remonté le moral. »

Décryptez le message

Ruth avait scrupuleusement divisé son omelette en parts égales avant de la servir, mais elle eut tout de même droit à la réflexion de son fils : « Eh, tu lui en a donné plus qu'à moi ! » Elle répondit du tac au tac : « Ah bon ? Parce que tu en veux encore ? » Il n'en fallut pas plus pour que l'enfant se sente entendu et compris.

La formulation du reproche n'exprime que rarement le fond du problème. Mais elle peut faire office de catalyseur. Pour ne pas tomber dans le piège, il est capital de bien séparer les termes de l'équation :

« Eh, je t'ai vue ! Tu lui as donné un autre biscuit.

— Tu en veux un autre, toi aussi ?

— C'est ta préférée, d'abord ! Ça se voit.

— Attends, de quoi parle-t-on ? De biscuits ou d'amour ? »

Lorsque le thème du chouchou revient sur le tapis, les parents ont le plus grand mal à dissimuler leur embarras et s'empressent de se défendre. C'est exactement ce qu'attend l'enfant : il vous provoque et vous réagissez.

Repérez les provocations

Ne vous laissez pas embarquer dans les justifications et refusez systématiquement de faire machine arrière sous la pression de vos petits tyrans. Renvoyez-leur plutôt la balle, comme le fit cette maman, lassée de tenir le compte du moindre gâteau distribué : « Il fallait toujours que tout soit parfaitement divisé en deux parts égales. Excédée, j'ai fini par leur promettre de répartir avec autant d'équité toutes les fessées. Ils ont éclaté de rire, mais ils ont surtout compris qu'ils ne me feraient pas tourner en bourrique éternellement. »

Si vous estimez que votre fils a davantage besoin de vos attentions que votre fille par exemple, ne vous sentez pas obligés de vous justifier à tout bout de champ, ni même d'expliquer vos raisons. Comme le disait si joliment l'une de mes collègues, « élever trois enfants, c'est un peu comme cultiver dans une même serre un cactus, un camélia et une jardinière de pensées. A vous de doser pour chacun l'arrosage, l'éclairage et la taille. »

Lorsque Sylvie profite d'un passage au centre commercial pour acheter un pantalon à Valérie, elle soulève l'indignation de Marthe :

« Et pourquoi j'ai pas droit à un pantalon, moi aussi ?

— J'en ai acheté un à Valérie parce qu'elle en avait besoin. Tu es en colère parce que je ne t'ai rien rapporté ?

— Oui, très en colère.

— Pourtant, il y a quinze jours, quand tu m'as demandé un jean, je te l'ai acheté.

— Oui, bon, c'est vrai. »

Sylvie a bien failli céder à la tentation de longues justifications, et l'idée de proposer à Marthe de rattraper le coup la semaine suivante lui a traversé l'esprit. Mais elle a trouvé la parade et sa fille a aussitôt oublié l'incident.

Entendez les récriminations

Qui n'a rêvé de voir ses enfants docilement dire amen à toutes les décisions prises d'autorité. Or, les petits se rebiffent. Inutile d'essayer de leur faire entendre raison par d'interminables discours et explications. Ce n'est pas ce qui les ralliera à votre point de vue. Honnêtement, vous n'espérez tout de même pas qu'ils viendront vous dire : « T'as raison, m'man, Tanguy a tellement de chagrin qu'on peut lui laisser la télécommande ce soir » ou « Delphine a deux ans de plus que moi, et c'est bien normal qu'elle puisse veiller jusqu'à neuf heures, elle. » Imaginons ce fils modèle qui vous caresserait dans le sens du poil : « Merci maman de m'avoir rappelé que c'était mon tour de faire la vaisselle. Heureusement que tu es là pour nous dire ce que nous avons à faire. »

Assez rêvé ! Puisque personne ne vous fera jamais d'ovation lorsque vous fixez les règles et les limites, imposez votre diktat sans état d'âme. Ne cherchez pas systématiquement l'accord de vos enfants et ne les laissez surtout pas décider ce qui est juste et ce qui ne l'est pas.

Antoine ne s'est pas laissé fléchir par les complaintes de sa fille Iris : « C'est dingue, ça ! Tu laisses Jacques sortir avec ses copains et moi, j'ai pas le droit. Qu'est-ce qu'il a de plus que moi ?

— Deux ans. Ça me fait moins peur, parce que je sais qu'un grand gaillard de quinze ans sait se défendre.

— N'importe quoi ! Tu me prends encore pour une gamine !

— Penses-en ce que tu veux, mais sache que sur les questions de sécurité, on ne discute pas. Je ne serais pas rassuré de te savoir dans les rues à onze heures du soir, un point c'est tout. »

Sans nier la déception de sa fille, Antoine a su lui donner des éléments de réponse qui n'admettaient aucune réplique, et ainsi affirmer son autorité.

Demandez aux enfants de trouver des solutions

Pourquoi serait-ce toujours à vous de prendre toutes les décisions ? Après tout, puisque les enfants arrivent si facilement à soulever les problèmes, laissons-leur le soin de les résoudre, ou du moins y réfléchir. La stratégie les responsabilisera et apaisera du même coup la vie familiale. Ils se chamaillent systématiquement pour tel ou tel dessin animé ? Restez en dehors de l'histoire mais soyez ferme : « Je ne veux pas en entendre parler, mais je veux que d'ici une heure la question soit définitivement réglée. » Au besoin, donnez-leur quelques idées. C'est exactement ce que j'ai fait avec mes deux fils qui marchandaient tous les soirs la corvée de vaisselle. L'ultimatum posé, je les ai vus disparaître dans leur chambre ; derrière la porte, les négociations allaient bon train, les jouets changeaient de mains, les accords se tissaient. La salle du conseil se rouvrit, Todd fila droit vers l'évier tandis qu'Éric fourrageait dans ses tiroirs pour réunir le lourd tribut promis à son frère en échange de la corvée. Chacun y trouvait son compte : Todd n'avait aucun a priori contre l'eau de vaisselle, et Éric aurait donné son âme pour échapper aux assiettes sales. J'étais ravie de ne pas avoir eu à intervenir. Personnellement, je trouvai l'arrangement un peu disproportionné, mais personne ne m'avait demandé mon avis.

Jouez sur la corde de l'humour

Bien souvent, le recours à l'humour peut vous tirer d'un mauvais pas. Personne n'y est totalement insensible, pas même l'enfant le plus renfrogné. A son aînée qui l'accuse de préférer la cadette, cette maman réplique : « Alors là, tu te trompes. Vous m'êtes toutes les deux aussi… comment dire ?… insupportables ! » Ce papa détend l'atmosphère par une autre boutade : « Oh j'ai l'impression qu'il vaut mieux résoudre ça tout de suite, avant que ça ne tourne à la névrose et que tu n'ailles dépenser tes premiers salaires chez un psy. »

Le jeu préféré de Laurence et Lydia est de comparer la quantité de jus d'orange qu'on leur sert. La moindre différence de niveau alimente les conversations :

« Tu as en eu plus que moi !

— C'est pas vrai. Toi, tu as bu tout d'un trait.

— Non, j'ai bu normalement.

— Je t'ai vue, menteuse !

— Mamaaaan ! »

La mère décide donc d'acheter deux verres gradués et les goûters prennent des allures de cérémonial : maman verse au millilitre près le précieux liquide dans chaque verre, sous l'œil vigilant des deux sœurs. Mais bientôt, ce petit rituel perd tout son charme :

« J'en veux plus de ce verre. Je veux celui avec la Petite Sirène.

— Mais il n'est pas gradué.

— Je m'en fiche.

— Et si Lydia en a plus que toi ? Ce serait dramatique !

— Puisque je te dis que je m'en fiche ! »

Misez sur la qualité plus que sur la quantité

Les parents attentionnés qui s'acharnent à vouloir diviser en parts égales tout ce qu'ils destinent à leurs enfants se rendent vite compte qu'ils finissent par les léser tous de quelque chose. Une spécialiste des problèmes parentaux racontait l'histoire fort éloquente de cette jeune institutrice qui pensait qu'elle ne devait rien céder à un élève qu'elle ne puisse céder à tous. Avec sa première classe de vingt enfants, elle ne dérogea jamais à ce principe. Mais le bilan de fin d'année fut amer : au bout du compte, elle n'avait eu de relation privilégiée avec aucun d'entre eux, et l'ambiance de sa classe manquait singulièrement de chaleur. En fait, elle n'avait accordé à chacun qu'un vingtième de sa personne. A la rentrée suivante, elle était revenue sur sa théorie. Désormais, lorsqu'un élève avait besoin d'elle, elle lui consacrait toute son attention, quitte à négliger les autres un instant. Résultat : cette deuxième promotion avait profité pleinement de sa maîtresse, et celle-ci avait tissé avec chacun des liens particuliers. Cette expérience montre bien qu'en donnant autant à chacun, on ne lui donne pas forcément le meilleur.

Malheureusement, une fois que le pli est pris, il est bien difficile de s'en défaire. Pleine de bonnes intentions, Marie-France a institué un principe d'équité qui a fini par se retourner contre elle : « Alexandre, mon aîné, a besoin qu'on s'occupe beaucoup de lui. Et quand Olivier est né, j'ai tout fait pour qu'il ne se sente pas en reste. Au premier anniversaire d'Olivier, nous avons fait une grande fête et j'ai acheté un cadeau à Alexandre pour qu'il ne soit pas jaloux. J'avais lancé la machine infernale : depuis, chaque année, c'est le même refrain : « Qu'est-ce que tu m'offres pour l'anniversaire d'Olivier ? » Ça me hérisse au plus haut point, mais je ne sais plus comment me dépêtrer de cette situation.

— Les habitudes, vous savez, ça se change, à condition d'avertir assez longtemps à l'avance. Et puisqu'Alexandre est le plus susceptible des deux, pourquoi ne pas profiter de son anniversaire à lui pour annoncer la couleur ? "C'est ton anniversaire, pas celui de ton frère ; Olivier aura son cadeau le jour venu." »

Tous les enfants ont besoin d'être sous les feux de la rampe le jour de leur fête, mais cela ne doit pas les empêcher d'apprendre à laisser les autres savourer leurs cadeaux.

Oubliez le mythe de l'équité

N'avez-vous vraiment rien de mieux à faire que de noter, jour après jour, sur votre agenda familial l'ordre de passage dans la baignoire, le bénéficiaire du premier bisou de la soirée, le nombre de tours de manège ? La liste est longue, mais dites-vous bien que vous ne gagneriez rien à aligner des bâtonnets dans des colonnes pour garantir un parfait décompte. Dès qu'un enfant se plaint d'être lésé, esquivez. Concentrez-vous exclusivement sur ses besoins réels du moment : un câlin, une minute d'attention, un mot de compassion ou un compliment. C'est tout ce qu'il demande, et dès qu'il l'obtient, tout sentiment d'injustice s'évanouit comme par enchantement. C'est ce qu'a compris Paule à la faveur d'une petite discussion avec Florent, cinq ans :

« C'est toujours tout pour Lucie, dans cette maison ! Lucie par-ci, Lucie par-là !

— Mais elle n'a que deux ans, voyons !

— Tu joues toujours avec elle dans le bain, et jamais avec moi.

— Tiens, mais je croyais que tu voulais prendre ton bain tranquille. Moi, je ne demanderais que ça.

— C'est vrai ?

— Mais bien sûr. J'adorais venir t'éclabousser et te frotter le dos. Mais puisque tu as décidé que tu étais assez grand pour prendre ton bain tout seul, tant pis pour moi !

— Bah, tu peux encore jouer avec Lucie.

— Oui, mais ce n'est pas pareil.

— Si tu veux venir jouer dans mon château-fort à la place…

— D'accord. Quand tu auras pris ton bain et enfilé ton pyjama, on ira lire l'histoire dans ton château-fort. »

Tout content, Florent saute dans la baignoire. Il a bien été tenté d'en revenir aux bains avec maman, mais craignant que cela ne fasse trop bébé, il a su accaparer sa mère par un autre biais et retrouver les moments d'intimité qui lui manquent tant depuis l'arrivée de sa petite sœur. Pour Paule, il ne s'agit pas de donner la même chose à chacun, mais de répondre aux besoins spécifiques d'une enfant de deux ans et d'un grand garçon de cinq.

Les jalousies envers les aînés et les cadets sont inévitables, mais ne soyez pas dupe : ne les faites pas retomber en enfance ni mûrir prématurément sous prétexte d'impartialité. Débusquez plutôt sous les plaintes le véritable sens de leur appel.

Chapitre 6

ILS SONT SI DIFFÉRENTS !

« *Aux yeux de ses parents, chaque enfant devrait rester unique, irremplaçable, exceptionnel.* »

Carole et Andrew Calladine

Petits, Éric et Todd étaient comme le jour et la nuit. L'aîné était aussi réfléchi et inquiet que le petit était impulsif et inconséquent. Je me demandais comment nous avions réussi à mettre au monde deux personnalités aussi différentes. Je pensais qu'ils se ressembleraient, mais c'était oublier que mon frère et moi-même étions aux antipodes. Je n'étais pas la seule à m'être bercée d'illusions, puisque au fil des ans, j'ai vu défiler devant moi des centaines de parents, tout aussi stupéfaits devant l'incroyable palette de caractères qu'ils avaient engendrés. En fait, nous devrions davantage nous préparer aux dissemblances qu'aux ressemblances, à l'exception peut-être des vrais jumeaux, mais là encore rien n'est dit.

Ce qui déstabilise le plus les parents à l'arrivée du deuxième, c'est qu'ils pensaient tout savoir de leur métier, forts de leur expérience préalable. Mais voilà que tout est remis en question par un petit être totalement différent, doté d'une personnalité propre et inattendue. Retour à la case départ.

« Depuis toute petite, je rêve d'une famille nombreuse, confie Colette. Je suis fille unique et je m'imaginais au milieu de ma marmaille, calme, sereine, posée, jamais un mot plus haut que l'autre. Tout le contraire de ma mère. Jamais je ne me serais permis des phrases lapidaires, telles que "C'est comme ça et c'est pas autrement !", "Arrête de me regarder comme ça tu vas t'en prendre une !", "Je suis encore ta mère, que je sache, alors tu obéis !".

Avec le premier, je n'étais pas loin de la mère modèle. Mais le deuxième m'a poussée dans mes derniers retranchements et m'a mis les nerfs à vif. Je me suis découvert une voix perçante que je ne me soupçonnais pas. J'avoue qu'avant de venir vous voir, j'étais sur le point de craquer. »

Nous nous laissons toujours prendre au dépourvu par l'individualité très marquée de chacun. Comment celui-ci peut-il être aussi agressif et arrogant quand celle-là est un amour de tendresse et un exemple d'obéissance ? « Il y a en moi deux mères, avoue Annick. Avec mon fils, je suis une mégère, alors qu'avec ma fille, je suis un ange de douceur. » Pour amer que soit le constat, il a l'avantage de l'honnêteté. Par ses traits de caractère, ses capacités, ses centres d'intérêt, chaque enfant suscite en nous des attitudes positives ou négatives. Les différences peuvent nous amener à dresser des comparaisons et à manifester une préférence. Nous ne nous rendons pas compte que nous entretenons une relation très particulière avec chacun. Il y a en chaque parent plusieurs personnages qui sommeillent. Les enfants déboulent dans notre vie à des moments bien particuliers, et aussi inadmissible que cela puisse paraître, force est de reconnaître que nous avons plus ou moins d'affinités avec les uns ou avec les autres. Consciemment ou non, ils nous rappellent tous un membre de notre famille, aimé ou honni, et cette analogie les suit à la trace. Malheur à celui qui a hérité du caractère de votre ex ou de votre belle-mère ! Ces réactions sont inévitables, mais autant se les avouer pour mieux les contrôler.

L'INCIDENCE DU NUMÉRO D'ORDRE

Claudie s'inquiète de voir son aîné devenir de plus en plus autoritaire. « A onze ans, il se comporte comme un véritable petit dictateur envers son frère de sept ans et sa petite sœur de quatre. Il se pose davantage en “petit adulte” qu'en grand frère. Il considère qu'il est de son devoir de faire respecter l'ordre à la maison et épie les moindres faits et gestes de ses frère et sœur, prêt à leur sauter dessus au premier écart. Et comme de bien entendu, les petits lui en veulent et se liguent contre lui. »

Aline a le même problème avec Ève, treize ans : « Elle se sent également responsable de ses trois frères et sœurs. Ce doit être typique des aînés. Moi, j'étais la première d'une famille de six et j'avais aussi tendance à jouer les petites mamans, surtout en présence de ma mère. En fait, je cherchais à lui prouver que j'étais grande et capable de prendre les choses en main. »

Peut-être faut-il y voir ce que j'appellerais le « syndrome de l'aîné » : à en croire certains psychopédagogues, chaque enfant adopterait un comportement particulier en fonction de son ordre d'arrivée au sein de la famille. L'hypothèse semble fondée, mais ne tombons pas pour autant dans le piège qui nous pousserait à mettre une étiquette définitive à chacun : l'aîné autoritaire, le cadet souvent négligé et pris en sandwich entre les autres, et le petit dernier, enfant gâté, à qui l'on passe tout. Certes, l'inépuisable catalogue des anecdotes confirme à bien des égards ces stéréotypes, mais il serait tout de même dommage de réduire une personnalité à de tels clichés. Bien d'autres facteurs contribuent à forger le caractère d'un enfant, sa façon d'être et sa place au sein de la famille.

J'ai plutôt tendance à me méfier des généralités, car dès que l'on pense avoir cerné nos enfants, ils s'empressent de nous surprendre. Les miens n'ont eu de cesse de me le rappeler : à peine affublais-je l'un de tel ou tel épithète que son comportement venait me donner tort. En fait, les exceptions sont si nombreuses qu'on ne peut absolument pas ériger une quelconque règle en la matière – sinon que précisément, les rôles qu'ils tiennent sont en constante évolution. Ne vous étonnez pas si votre aîné est timide et réservé, si c'est le cadet qui règne en maître sur la maisonnée, ou si le benjamin a des velléités d'indépendance très marquées. Votre fils unique est un missionnaire dans l'âme ? Eh bien soit. L'aînée de vos cinq enfants ne sait toujours pas partager ? Admettez tout simplement que c'est dans son caractère.

J'ai demandé à l'une de mes collègues, qui anime des séminaires pour parents au Canada, ce qu'elle pense de cette question de l'ordre d'arrivée dans la famille. Elle partage en fait exactement le même point de vue que moi : « En soi, la place de l'enfant dans la hiérarchie familiale n'est absolument pas significative. Et il ne faut surtout pas s'amuser à coller des étiquettes aux uns et aux autres. En revanche, c'est tout de même un indice qui peut expliquer certaines tendances, à la fois chez l'enfant et chez les parents. Pourquoi ne pas s'en servir pour apprendre à mieux les connaître, et nous avec ? »

Lors de ses ateliers, elle s'est rendu compte, en observant les participants, que les premiers-nés ont tendance à accaparer la conversation et à la diriger. Les puînés sont en revanche plus détendus et plus à l'aise, comme s'ils n'avaient rien à prouver. Les cadets laissent pour leur part volontiers les autres prendre l'initiative. Ces traits de caractère se retrouvent donc globalement dans la vie relationnelle de l'adulte, mais là encore, il faut se garder de tirer des conclusions hâtives. Gardons toujours à l'esprit que la personnalité et le comportement d'un enfant sont la résultante d'un grand nombre de facteurs et que le déterminisme « génétique » ne joue qu'un rôle limité.

J'ai retrouvé dans un article l'essence de cette philosophie. Son auteur écrit : « Il est tentant d'expliquer des traits particuliers par l'ordre d'arrivée de l'enfant dans la famille, mais c'est un exercice périlleux, car on finit par négliger les innombrables cas de figure. Prenons par exemple une famille de quatre enfants. Sont-ils nés à intervalles réguliers ? Y a-t-il une grande différence d'âge entre le deuxième et le troisième ? L'aîné a-t-il vu arriver derrière lui toute une ribambelle de filles ? Les parents ont-ils eu plus de mal à joindre les deux bouts à l'époque du premier que du dernier, ou vice versa ? Autant de questions qui montrent bien que le sujet est extraordinairement complexe et ne peut être expédié d'un trait de plume. »

Plus j'entends les parents apporter leurs témoignages, plus il me semble essentiel qu'ils comprennent combien les préjugés peuvent nuire à l'épanouissement de l'enfant. En l'enfermant dans un rôle figé, nous lui dictons en fait un comportement. Cela se retrouve dans nos tics de langage. A l'aînée, nous dirons volontiers : « Tu es assez grande pour te débrouiller », « Ne fais pas le bébé », ou « Tu pourrais donner l'exemple ». Nous nous laissons aller à comparer le cadet au premier, ce qui risque de le complexer : « Ton frère est plus grand, lui, il a le droit de… », « Quand tu auras l'âge de ta sœur, on en reparlera ». Quant au dernier, il a généralement droit à toutes les circonstances atténuantes : « Bah, il est encore petit », « A son âge, c'est normal ». Or peu à peu, l'enfant s'imprègne de ces commentaires a priori inoffensifs, et finit par se définir par rapport aux autres : il est plus faible, plus fort, plus malin, plus maladroit, plus mignon, plus mûr, plus bébé, etc.

Pour les parents, ces étiquettes sont, il faut le reconnaître, bien pratiques. Mais elles reviennent dans une certaine mesure à se mettre des œillères et à passer à côté de certaines facettes des êtres qui nous sont les plus chers au monde. Pis, lorsque les préjugés sont négatifs ou que les comparaisons se font au détriment de l'un des enfants, celui-ci risque de tout mettre en œuvre, plus ou moins consciemment, pour correspondre à l'image qu'on lui a collée. C'est exactement ce qui arrive à Karine :

« Je suis la dernière de trois enfants, et j'ai toujours eu l'impression d'être davantage la reliure du livre que les pages intérieures. Ceux qui avaient quelque chose à dire et à faire dans la vie, c'était mon grand frère et ma grande sœur. Moi, on ne m'a jamais rien demandé de particulier. Tout ce qu'on attendait, c'était que je m'en tire sans faire trop de vagues. Du coup, je me sentais un peu terne par rapport aux autres, ni particulièrement brillante ni particulièrement douée pour quoi que ce soit, et j'évitais de me mettre en avant. Et ça m'est resté. » Difficile de dire si cette attitude est dans le caractère profond de Karine ou si elle est le résultat de son éducation. Une chose est certaine : le schéma familial dans lequel elle s'inscrivait n'a rien fait pour lui donner de l'assurance.

Les parents devraient systématiquement veiller à mettre en valeur les qualités inhérentes à chaque enfant, en préférant les images positives aux clichés.

Clichés	Images positives
« Charlotte sera sûrement peintre plus tard. »	« Charlotte nous fait des dessins merveilleux. C'est un vrai régal ! »
« Ne faites pas attention à Hugues. C'est un grand timide. »	« Hugues n'est pas d'humeur bavarde aujourd'hui, dirait-on. »
« Romain est le sportif de la famille. »	« Romain a marqué un but fabuleux aujourd'hui. Vous auriez vu cela ! »
« Audrey n'a vraiment pas la bosse des maths. »	« Audrey a du mal à comprendre les fractions. Comment pourrions-nous les lui expliquer simplement ? »
« Sabine est tellement distraite qu'elle serait capable d'oublier sa tête à la maison. »	« Sabine doit s'habituer à se concentrer sur une chose à la fois. Comme elle a une excellente mémoire visuelle, nous l'aidons en lui préparant des listes. »

Ces quelques exemples suffisent à comprendre à quel point les phrases toutes faites peuvent cantonner l'enfant dans un rôle précis, qui ne correspond somme toute qu'à une situation ponctuelle. En replaçant dans un contexte les travers et les qualités constatés, nous dédramatisons et laissons le champ libre à l'enfant pour qu'il développe sa propre personnalité, tout en étant conscient de ses capacités et en sachant que ses limitations n'ont rien d'irréversible.

Autre grand souci des parents : l'arrivée d'un deuxième enfant ne risque-t-il pas de léser l'aîné ? Lui qui jusqu'à présent bénéficiait de toute l'attention, de tout le temps et de tout l'amour de papa et maman se sentira sans doute un peu négligé. « Il y a des jours où j'aimerais pouvoir me dédoubler », avoue une mère. Cette inquiétude légitime est également très saine, car c'est elle qui nous pousse à rassurer l'enfant et à lui répéter combien nous l'aimons. Nous avons évoqué au chapitre 2 cette problématique.

Mais les choses se corsent avec le cadet. Car à bien y réfléchir, lui aussi aurait toutes les raisons de se sentir lésé : jamais il n'a eu ses parents pour lui tout seul, la famille s'agrandissant, il y a moins de temps et d'argent pour chacun, les parents sont plus occupés, se laissent emporter dans un tourbillon, et bien sûr on oublie de sortir le caméscope et les flashes pour la première dent, les premiers pas, le premier petit pot mangé à la cuiller, alors qu'aucun événement de la vie de l'aîné n'a échappé à la postérité. Inutile de dire que le troisième, le quatrième et les suivants seront logés à plus mauvaise enseigne encore. Tout juste pensera-t-on à griffonner la date et le poids de naissance au dos du portrait pris à la maternité ! Comptez sur votre marmaille pour soupeser scrupuleusement le poids de chaque album et en tirer les conclusions qui s'imposent. La menace vaut sans doute que vous fassiez l'effort de dépoussiérer votre appareil photo !

Le jour où l'un de vos enfants viendra vous demander des comptes, comment répondrez-vous à ces accusations de partialité ? Sous prétexte qu'il est arrivé en deuxième position, il risque de se considérer éternellement comme une pâle imitation de l'original, c'est-à-dire l'aîné.

Il n'est pas facile de se mettre à la place de ses enfants, mais du moins peut-on tenter de les comprendre en revenant sur notre propre expérience. Aux parents qui s'inquiétaient des états d'âme du deuxième et des suivants, je demandais de dresser une liste des avantages et inconvénients qu'ils avaient pu trouver à ne pas être l'aîné :

Inconvénients

- La naissance n'est pas un événement aussi exceptionnel et nouveau que pour le premier.
- Les parents ont moins de temps.
- On ne les a jamais à soi tout seul.
- Le livre de bébé est bâclé.
- Il y a très peu de films vidéo sur nous.
- Les grands-parents nous gâtent moins.
- Tout le monde nous compare à l'aîné.
- On hérite de leur garde-robe.

Avantages

- Les parents sont rôdés et plus détendus.
- Les grands ont essuyé les plâtres et nous montrent les ficelles.
- Ce sont des camarades de jeu tout trouvés.
- Les parents laissent passer plus de choses.
- L'ambiance est plus vivante et plus drôle à la maison.

• Un aîné peut faire office de modèle et nous inciter à nous dépasser.

Cet exercice déculpabilise aussitôt les parents, qui se rendent compte que si le premier a eu certains privilèges, les suivants en ont d'autres, et arrivent surtout dans une famille « prête à l'emploi », où papa et maman se sont déjà fait la main sur le grand. « Mon premier, résume une mère, a eu une maman aussi étincelante qu'une paire de souliers neufs. Mais il a aussi écopé des ampoules. A l'arrivée du deuxième, les chaussures étaient un peu usées mais beaucoup plus confortables. »

JUMEAUX, TRIPLÉS, ETC.

Toutes ces belles théories volent évidemment en éclats lorsque plusieurs poussins brisent leur coquille en même temps : les couvées de jumeaux, de triplés et autres quintuplés constituent un cas bien à part. En grandissant, chaque enfant se fait sa place au soleil et affirme sa personnalité, et plus rien ne permet alors d'attribuer ses particularismes à un quelconque ordre d'arrivée. Or les parents se font généralement beaucoup de souci pour l'épanouissement de chacun. Ils craignent par-dessus tout que les enfants se sentent assimilés les uns aux autres, voire confondus, et s'ingénient à trouver des astuces pour souligner l'unicité de chacun. En soi, l'attention est louable, mais il est inutile de s'obnubiler sur leur gémellité. Ils ont besoin de trouver leurs marques par rapport à leur(s) jumeau(x) et de se construire une identité et un rôle propres. Facile à dire…

Myriam a toutes les difficultés du monde à faire ressortir chez ses vrais jumeaux les traits de caractère qui les distinguent. « Physiquement, Léo et Mathieu se ressemblent comme deux gouttes d'eau. Mais quand on les connaît, ils sont tellement différents qu'on ne peut s'y tromper. Léo est aussi exubérant que Mathieu est réservé. Pourtant, rares sont les gens qui se donnent la peine d'essayer de les reconnaître. Leur propre grand-mère, qui les voit tous les quinze jours, en est encore à se demander lequel est lequel. Et pour ne rien arranger, elle s'obstine à leur acheter les mêmes vêtements à chaque anniversaire. A l'école, la maîtresse leur fait porter un badge pour éviter de se tromper. Vous croyez qu'elle aurait fait l'effort de leur trouver un signe distinctif ? Cela les exaspère tellement qu'ils prennent un malin plaisir à échanger leurs badges, juste pour la faire enrager. Tout le monde voudrait qu'ils s'intéressent aux mêmes choses, et on écarquille de grands yeux quand le dada de l'un n'a rien à voir avec le hobby de l'autre. Je pourrais vous en citer des exemples… Leur père et moi nous acharnons à les différencier, mais nous avons l'impression que le monde entier se ligue pour les confondre. Notre grande crainte, c'est qu'ils risquent de ne plus se supporter. »

Cette situation n'est certes pas des plus enviables, mais il semblerait que, pour les jumeaux de Myriam, le plus exaspérant ne soit pas la présence de l'alter ego, mais davantage le regard des autres qui s'entêtent à les mettre dans le même sac. J'incite Myriam à aller voir leur maîtresse et à élaborer avec elle une stratégie plus valorisante que les badges ; à convaincre la grand-mère de faire un petit effort d'imagination ; et à parler très franchement du problème avec les garçons : « Dites-leur que vous aussi en avez par-dessus la tête de voir les gens les traiter comme une seule et même personne. Vous avez fait deux enfants et vous en voyez deux. Bien sûr, il s'en trouvera toujours pour les voir comme des clones, mais insistez bien sur le fait qu'à vos yeux chacun est unique et qu'ils doivent se considérer comme tel. »

Lorsqu'une naissance multiple s'annonce, bien des parents, pris de vertige, se précipitent à la bibliothèque du quartier pour écumer tous les ouvrages sur le sujet. Ils y trouvent des schémas directeurs fort utiles, mais ils ne doivent pas perdre de vue pour autant que les enfants qui viendront au monde le même jour auront chacun leur personnalité et qu'aucun ne sera la réplique plus ou moins exacte de l'autre.

Les chouchous

« J'ai un terrible aveu à vous faire », murmure Elisabeth. Tous les regards se braquent sur elle. On entendrait une mouche voler dans la salle. Si les terribles aveux passionnent tant les foules, c'est souvent parce que l'on s'y reconnaît. « Je préfère mon fils Guillaume à sa grande sœur Camille, poursuit-elle sans coup férir. Je ne peux même pas dire que c'est par moments, c'est tout le temps. Guillaume est un amour de petit garçon, facile à vivre, a-do-rable. Camille, à douze ans, est désobéissante, capricieuse, désordonnée et ne lève pas le petit doigt pour faire quoi que ce soit. Impossible de lui faire essuyer la vaisselle ou garder son frère. Elle a horreur de jouer les baby-sitters, alors que je la paie. En fait, elle déteste son frère.

— Il faut dire que douze ans, fait remarquer une autre maman, c'est l'âge ingrat.

— Pensez-vous ! Elle était déjà comme ça à dix ans. Elle est persuadée que je passe tout à Guillaume, et il n'y a rien à faire pour lui ôter cette idée de la tête. Si je suis plus coulante avec lui, c'est tout simplement parce qu'il n'a que huit ans et qu'il a besoin qu'on s'occupe davantage de lui.

— Pourriez-vous nous donner un exemple concret ? lui demandé-je.

— Oh ! Je n'ai que l'embarras du choix ! Tenez, pas plus tard que ce matin, nous étions en retard, c'était la panique, le bus allait passer d'un moment à l'autre. J'ai demandé à Camille de m'aider à trouver les chaussures de Guillaume. Et c'est le moment qu'elle a choisi pour faire sa scène. Elle a claqué la porte en criant : "Je suis pas ta bonne". Bien sûr, nous avons raté le bus. Je l'aurais étripée.

— Cela doit être éprouvant à la longue, mais avez-vous déjà pensé à vous mettre à la place de Camille ? Si elle vous reproche en permanence d'être injuste, c'est sans doute parce qu'elle ne se sent pas appréciée à sa juste valeur. Croyez-moi, les enfants savent très bien ce qu'ils font quand ils nous provoquent. Pour eux, il s'agit de s'assurer de votre amour en toutes circonstances, même s'ils sont insupportables. C'est peut-être ce que Camille essaie de vous faire comprendre par son comportement. »

La semaine suivante, Elisabeth nous raconte la suite du feuilleton : « J'étais au téléphone quand Camille est venue m'interrompre avec sa désinvolture coutumière.

"Tu ne vois pas que je parle, non ? Tout à l'heure !

— De toute façon, c'est comme si j'existais pas dans cette maison."

En raccrochant, je suis allée la voir dans sa chambre et, bien sûr, elle boudait.

"Qu'est-ce qui ne va pas, Camille ?

— Rien. Je voulais te parler, mais tu étais trop occupée… comme d'habitude.

— Oh ! Tu as l'air vraiment en colère.

— Quand c'est Guillaume qui a besoin de quelque chose, tu arrêtes tout pour voler à son secours. Mais moi, je serais orpheline que ça me ferait le même effet."

Camille avait l'air tellement malheureuse que j'en ai eu un coup au cœur. Je venais de me rendre compte qu'elle n'avait pas tout à fait tort. Et au lieu de la contredire, j'ai joué la compassion :

"Ma pauvre chérie, ça doit faire mal de penser ça.

— Mmh !

— Bon, je sais ce qu'il te faut ! Et si on allait faire du lèche-vitrines toutes les deux ? Ça te dit ?

— Sérieux ? Juste toutes les deux ? Tu m'achèteras mes sneakers ?" »

Cet épisode a marqué un tournant décisif dans les relations mère-fille. Elisabeth a gardé le cap et ne peut que s'en féliciter : « A partir du moment où j'ai pu surmonter mon exaspération pour me mettre à l'écoute de Camille, tout a changé. C'est spectaculaire. Je découvre en elle une gamine agréable et je suis moins sur son dos, depuis. Et quand elle me répond, je n'en fais plus toute une montagne. J'ai compris que, de toute façon, elle n'avait pas le caractère enjoué de son frère et que c'était très bien comme ça. »

A mesure qu'ils grandissent, les enfants passent par des phases plus ou moins difficiles, que les parents supportent plus ou moins bien. Le bébé calme et rieur se mue parfois en un bambin turbulent ; l'adorable fillette qui vous confiait tous ses secrets devient une adolescente ingrate et boudeuse, qui se hérisse dès que vous pénétrez dans son périmètre vital. Il est tout à fait normal qu'à un moment donné, l'un de vos enfants soit moins facile à vivre que l'autre, et il est tout aussi légitime de se sentir plus attiré par celui qui vous pose le moins de problèmes ou vous procure le plus de satisfaction. « Avec Alice, tout est simple et facile, soupire cette maman. Mais Jérémie est une vraie peste. J'en viens parfois à me dire que je préfère vraiment la grande, et j'avoue que je ne suis pas très fière de moi. Faut-il que je sois une mère indigne pour me laisser aller à de tels sentiments ! »

Je la rassure aussitôt : il est bien plus sain de s'avouer que l'on a un préféré que de prétendre aimer de la même façon tous ses enfants. De plus, le chouchou d'un temps peut à l'avenir être celui qui vous donnera le plus de fil à retordre. Tant que l'on s'en tient à des sentiments, il n'y a rien de bien dramatique ; le risque, c'est surtout de matérialiser ces sentiments par des actes. Fort heureusement, il y a loin de la coupe aux lèvres.

M'adressant aux participants de mon atelier, je leur demande s'ils n'ont jamais eu de pensées impures à l'égard de leurs chers petits : « En toute franchise, ne vous est-il jamais passé par la tête des phrases horribles, comme : « Ce qu'il peut être insupportable !", "Si seulement il pouvait se choper une bonne extinction de voix pendant une semaine !", "Mais il n'est pas normal ce gamin !", "Qu'est-ce que j'ai fait pour qu'il soit si différent de son frère ?" »

Un rire nerveux parcourt la salle. « Eh bien, vous ne trouvez pas ça abominable ? Comment des parents dignes de ce nom peuvent-ils nourrir de telles pensées ? Et pourtant, nous en sommes tous passés par là. Surtout dans les moments de stress ». Mais votre rôle de père ou de mère ne vous empêche pas de penser à votre aise. Accordez-vous au moins cette liberté, et souvenez-vous qu'il y a un monde entre les pensées les plus intimes et le passage à l'acte. Quoi de plus exaspérant que d'avoir à frapper à la porte de la chambre de la grande, en résistant à la tentation d'arracher son panneau « Entrée interdite » ? Quoi de plus difficile que de garder sa sérénité et son masque de mère aimante face à celui qui n'arrête pas de vous interrompre, qui se bat comme un chiffonnier avec tous ses petits copains ou au contraire passe ses journées tout seul dans son coin à bouder ? Nous aurions envie de les secouer ou de les rabrouer, mais notre instinct de parent veille au grain. Par chance, nous avons les moyens de refouler nos réactions viscérales, bien que ce ne soit pas chose facile. Il faut parfois déployer des efforts surhumains pour dépasser les provocations et percevoir les besoins profonds qu'elles expriment. Étrangement, les parents semblent avoir d'inépuisables ressources pour y parvenir. Et le jeu en vaut la chandelle. Il suffit dans bien des cas de s'abstenir de commentaires acerbes et de critiques, et de les remplacer par des « bons points » pour susciter un revirement spectaculaire dans le comportement de l'enfant.

Souvenons-nous également que les enfants évoluent très vite et que nos affinités peuvent se porter à des moments donnés sur l'un ou sur l'autre. C'est ce dont s'est rendu compte Frédérique : « Jusqu'à présent, je m'entendais mieux avec Muriel, mais à l'approche de l'adolescence, elle prend ses distances et devient ombrageuse. Bertrand, en revanche, est plus facile à vivre, plus sociable, depuis qu'il a passé le cap des douze ans. Avant, il s'enfermait tout seul dans sa chambre pendant des heures et le reste du temps, c'est tout juste s'il nous adressait la parole. » Une autre maman renchérit : « Moi, j'ai toujours eu mon chouchou, mais d'un jour à l'autre, ce n'est jamais le même. »

Il ne se passe pas un jour que les parents ne se posent un cas de conscience ; leurs préférences sont parfois si marquées qu'eux-mêmes ont du mal à les admettre. Ce thème tient tant à cœur aux parents que lorsque je l'aborde pendant les séminaires, les témoignages affluent. Maud se lance : « Si je m'entends beaucoup mieux avec ma fille aînée, c'est parce qu'elle est plus mûre, mais aussi parce qu'elle est plus docile, et qu'elle comprend plus facilement ce qui motive mes décisions. Je n'ai pas l'impression de favoriser l'une ou l'autre quand elles font des bêtises, mais il est vrai que je suis plus sévère avec la cadette car elle est obstinée et elle répond ». Maud a mis le doigt sur une différence de caractère qui justifie sa préférence. Mais la docilité, si prisée des parents, peut aussi être un piège tendu aux enfants, comme en témoigne André : « Thomas a quinze ans, et la seule chose que je lui demande, c'est d'être lui-même. Il n'est pas obligé de singer ses copains à tout bout de champ, mais ce qui m'exaspère le plus, c'est qu'il ne tient pas compte de mes conseils. En fait, j'ai réalisé que le message que je voulais faire passer revenait à dire : "Sois indépendant, mais fais comme je te dis". »

Florence se joint au chœur : « Depuis quelque temps, notre aînée est invivable ; elle laisse traîner ses affaires, elle les perd, et j'en passe. Nous passons notre temps à la reprendre, mais c'est peine perdue. La petite, en revanche, est extrêmement ordonnée. L'autre jour, nous pensions que la grande avait perdu son survêtement, mais nous l'avons retrouvé en boule dans son placard. Nous ne pouvons tout de même pas être constamment sur son dos. » Il y a fort à parier que ce n'est pas en accablant sa fille que Florence obtiendra des résultats. Au contraire, à force de lui rappeler combien elle est distraite, désordonnée et brouillon, elle l'installera dans ce rôle. L'adolescente aura d'autant plus de mal à s'en défaire que ses parents négligeront de relever les détails qui montrent qu'elle peut aussi être ordonnée, organisée et soigneuse.

Marie, elle, ne semble pas particulièrement choquée par le fait que l'on puisse avoir des préférences : « Chaque enfant fait vibrer en nous une corde particulière. Les miens sont tellement différents que lorsque je me trouve un point commun avec l'un, je n'ai aucun scrupule à l'afficher : si j'ai envie d'aller visiter un musée avec l'aîné, par exemple, j'explique tout simplement aux autres que je leur réserverai leur moment à eux à l'occasion. »

Micheline avoue avoir traversé une période difficile dans ses relations avec son aînée : « Pendant des mois, Patricia m'a tapé sur les nerfs. Elle nous rapportait des bulletins catastrophiques, et j'étais tellement inquiète que c'en devenait une idée fixe : je ne comprenais pas pourquoi elle récoltait de si mauvaises notes, alors que sa petite sœur Caroline n'avait pas le moindre problème. Je la soupçonnais – à tort, bien sûr – de le faire exprès. Je me suis même surprise à prendre systématiquement le parti de la petite quand elles se chamaillaient ; tout simplement parce que Caroline, bien plus facile à vivre et bonne élève, ne me causait pas tant de soucis. C'en était arrivé à un tel point que je me suis obligée à prendre du recul et à analyser la situation. Puis, sa prof de maths m'a convoquée. Je craignais le pire. Mais je me suis retrouvée face à une femme qui appréciait Patricia et cherchait à la comprendre. Elle a veillé à souligner tous les points forts de Patricia avant d'aborder les problèmes. Et c'est elle qui m'a aidée à me mettre à la place de ma fille. D'après elle, Patricia avait été profondément marquée par le départ de sa meilleure amie. C'est à partir de là que ses notes ont commencé à dégringoler. Et dire que je ne m'en étais même pas rendu compte ! Ce soir-là, je suis allée lui parler :

"J'ai vu Mme Morin aujourd'hui. Elle a l'air de bien t'aimer, mais tes notes l'inquiètent, et moi aussi.

— Pourquoi est-ce que tout le monde me persécute ? Je fais ce que je peux, moi !

— Peut-être, mais je suis persuadée que tu peux encore mieux faire.

— Ah bien sûr, tu voudrais que je sois aussi parfaite que ta chère Caroline !

— Nous ne parlons pas de Caroline, mais de toi.

— Alors, qu'est-ce qu'elle t'a dit, Mme Morin ?

— Elle pense que tu déprimes depuis que Stéphanie est partie.

— Ah bon ?

— C'est vrai que ça doit être dur pour toi de te retrouver toute seule. Vous passiez tellement de temps ensemble, à faire vos devoirs et à discuter. Comment pourrais-je t'aider à passer ce cap ?

— Je ne vois pas ce que tu viendrais faire là-dedans ?

— Bien sûr, je ne suis pas aussi rigolote que Stéphanie, mais je pourrais peut-être t'aider à faire tes devoirs ? Et pour cet été, nous pourrions prévoir un séjour chez elle ?

— Tu parles sérieusement ?

— Mais oui, c'est important de garder ses amis. Mais que ça ne t'empêche pas de travailler.

— Super ! Quand je vais dire ça à Stéphanie..."

J'avais enfin démêlé la situation. Tout ce qu'elle demandait, c'était un peu de compassion et quelqu'un à qui parler. Depuis, elle a retrouvé son allant et les progrès sont spectaculaires. »

L'histoire de Micheline illustre bien cette tendance que nous pouvons avoir à repousser un enfant qui ne répond pas à nos attentes, tout particulièrement lorsqu'un frère ou une sœur est un modèle de perfection. Comment prendre assez de recul pour déceler le problème de fond et le résoudre ? En évitant les jugements hâtifs et en s'efforçant de lire entre les lignes, tout simplement.

Anne s'inquiète beaucoup pour son fils Olivier qui, à quatorze ans, se montre très retors et particulièrement agressif envers sa sœur, Amélie, douze ans, et les jumeaux Adam et Maxime, neuf ans : « En fait, j'ai l'impression qu'il ne m'a jamais pardonné d'avoir eu d'autres enfants. Amélie est agréable, très sociable et a beaucoup d'amis. Les jumeaux, eux, se sont toujours attiré la sympathie de tout le monde, peut-être justement parce qu'ils sont jumeaux. Amélie les adore et est une seconde mère pour eux. Les trois derniers s'entendent à merveille, mais Olivier n'a jamais su s'intégrer. Dès que nous sommes tous ensemble, il s'arrange pour nous faire une scène et casser l'ambiance. Si tout le monde est d'accord pour manger de la pizza, il faut toujours qu'il ait envie d'un hamburger. La dernière fois, au zoo, nous allions voir les singes, et bien sûr, c'était par les girafes qu'il voulait commencer. Bref, il prend systématiquement le contre-pied des autres, et si nous ne cédons pas, il y voit la preuve que nous préférons les autres.

— A vous entendre, il semble que les trois derniers soient si proches qu'ils excluent un peu Olivier. Rien d'étonnant à ce qu'il soit si amer. Avez-vous essayé de lui consacrer un peu de temps tout seul ?

— Oui, depuis quelque temps nous sortons régulièrement ensemble. Dimanche dernier par exemple, je l'ai emmené à un brunch et j'avoue que quand il est seul, il est totalement différent. Il est sensible, réceptif et très agréable.

— Il n'a plus besoin de se mesurer aux autres, voilà tout. En lui donnant un peu de votre temps, vous lui avez fait très plaisir et vous lui avez surtout permis de montrer ses bons côtés. »

Anne a du mal à admettre que son fils puisse se sentir mal-aimé, voire persécuté de toutes parts. Or dans ce genre de situations, lorsque l'enfant a accumulé des rancœurs, il faut déployer toute son ingéniosité pour renverser la vapeur. Ne comptez pas sur un coup de baguette magique pour lui rendre son assurance. Seuls le temps, les témoignages répétés d'affection et les stratégies pour combattre l'exclusion sauront lui redonner sa place au sein de la famille. Olivier trouvera plus vraisemblablement la solution hors du giron familial ; ce qu'il lui faut, c'est une activité qui le passionne et le valorise. Au besoin, une visite chez un psychologue peut l'aider à intégrer le clan de ses frères et sœur qui, eux, apprendront à l'accepter plutôt que de le considérer comme le trouble-fête.

Le phénomène d'exclusion est parfois involontairement suscité par les parents qui, à force de comparer leur progéniture, entretiennent l'esprit de compétition. Combien de fois nous sommes-nous laissés aller à de petites réflexions en apparence anodines : « Nicolas a marché à huit mois, lui », « Pascal est un peu en retard. A son âge, sa sœur était un vrai moulin à paroles ». Ou pis, lorsque nous nous adressons à eux : « Ton frère n'a jamais fait de fautes d'orthographe » ou encore « Celui qui rapportera le meilleur bulletin aura une récompense ».

Claire a été élevée dans ce climat qui générait souvent des tensions avec ses sœurs : « Mon père en avait fait un jeu systématique ; c'était à qui serait la première au lit, la première habillée, la première à avoir fini son chocolat. Nous n'y échappions jamais. A table, nous allions jusqu'à faire la course pour finir notre assiette. La gagnante était récompensée, sauf si elle s'étouffait, auquel cas elle était punie. Pour nous, ces concours n'avaient rien d'amusant, et moins encore quand on perdait, car si la première était encensée, papa ne ménageait pas les autres. L'une de ses phrases préférées était : "Il va falloir faire des progrès si vous voulez arriver à quelque chose dans la vie !" Je me demande encore ce qu'il pouvait bien trouver d'extraordinaire à nous voir vider nos assiettes et enfiler nos pantalons à toute vitesse. Tout ce que je sais, c'est qu'il a réussi à nous monter les unes contre les autres au lieu de faire de nous des complices. »

Il y a en chaque enfant un Dr Jekyll et un Mr Hyde en puissance, et lorsque le diable surgit de l'un, l'autre s'empresse d'arborer son auréole d'ange. Les rôles sont indéfiniment interchangeables, bien entendu. Et les enfants sont de si bons acteurs que, par moments, nous ne voyons plus que leurs côtés démoniaques. Pour nous rappeler à la réalité, rien n'est plus efficace que de dresser une petite liste objective. Énumérez tout d'abord les travers les plus exaspérants de votre bambin ; puis retournez la feuille et notez ses aspects les plus attachants. La méthode relève purement et simplement du miracle, même pour les cas les plus désespérés. Car si le recto de la feuille comporte des qualificatifs peu flatteurs (buté, égoïste, brouillon...) ceux du verso (affectueux, plein de vie, créatif...) sont largement rédempteurs.

« Tu l'aimes plus que moi ! »

Michèle a tout mis en œuvre pour que son fils aîné, Pierre, ne se sente pas rejeté à la naissance de son petit frère, mais elle en a trop fait : « Cinq mois après la naissance, mon mari et moi avions décidé qu'il vaudrait mieux que je m'occupe du bébé et lui de Pierre. Un soir, j'étais seule à la maison et je tentais désespérément de coucher Pierre. Il était impossible. Je ne savais plus par quel bout le prendre, quand soudain, il me hurla : "Laisse-moi tranquille ! C'est papa qui s'occupe de moi ! Occupe-toi de Louis ! C'est lui que tu aimes, et moi, c'est papa qui m'aime." J'étais stupéfaite. Je lui ai expliqué que je les aimais tous les deux autant, mais les faits sont têtus ! Nous avons dû réviser notre copie et intervertir les rôles. Depuis que je passe davantage de temps avec lui, Pierre n'est plus aussi jaloux de Louis. »

Rien n'est plus révoltant que de se voir accuser aussi ouvertement de favoritisme, mais pour échapper aux pièges que vous tendent vos enfants, faites preuve d'imagination. A la question « Lequel d'entre nous tu aimes le plus ? », cette maman a répliqué :

— Toi, tu es mon fils de sept ans préféré, et Daniel est mon bébé de trois ans préféré.

— Mais c'est qui que tu aimes plus ?

— Toi tu es le plus grand, donc je t'aime depuis plus longtemps. »

Il y a sur ce thème mille et une variations possibles, mais la seule réponse à proscrire est « C'est toi mon préféré ». Soyez certains que l'heureux élu s'empressera de porter la bonne nouvelle à ses frères et sœurs !

Les enfants ne se nourrissent pas de belles paroles. Ce qu'il leur faut, ce sont des preuves tangibles, des faits, des gestes.

« Tu fais toujours des câlins au bébé. Tu l'aimes plus que moi.

— Allons, ne fais pas ton bêta ! Je vous aime tous les deux.

— Oui mais lui, tu l'aimes plus. Ça se voit.

— Arrête, tu veux. Tu es ridicule.

Rien de très convaincant dans ce discours. Mais la maman comprend que les mots ne suffisent pas à répondre aux besoins de sa fille. Elle se rattrape à la première occasion :

— Tu vois, t'es encore en train de l'embrasser !

— Allons, viens dans mes bras, ma chérie. On va faire un gros câlin, toutes les deux. »

Marilyn a préféré prendre les reproches de son fils avec humour. « Avec son petit frère, je ne m'y serais pas risquée, mais je pouvais me permettre de le taquiner, lui, car je sais qu'il a le sens de l'humour et que les bonnes blagues lui rendent son sourire :

“Je savais que tu l'aimais plus que moi !

— Oh, zut ! Et moi qui avais tout fait pour que tu ne t'en rendes pas compte ! Tu m'as prise en flagrant délit. Bon, j'avoue…

— Qu'est-ce que tu peux être bête !” »

Les deux filles de Nathalie persécutent en permanence leur mère : « Laquelle tu préfères, dis ? » La réponse ne variait pas d'un iota : « Toutes les deux ». Mais lassée de ce rituel, elle décide un jour de dédramatiser.

« Tu préfères Christine ou moi ?

— Tu le sais bien.

— Allez, tu peux me le dire. Je ne le lui répéterai pas, c'est promis !

— Tu voudrais que je te dise que c'est toi, ma préférée, hein ?

— Ben oui !

— Pourtant tu sais parfaitement que j'aime tout autant ta sœur.

— Ben oui…

— Mais tu voudrais quand même l'entendre… Même en sachant que ce n'est pas vrai.

— Hi ! hi ! Oui !

— Eh bien soit : c'est toi que je préfère. Voilà. C'est dit.

— Ah, tu es super, m'man ! Tu mens drôlement bien, dis donc ! Mais ça fait du bien !

— Quel drôle d'oiseau tu fais, ma chérie ! »

Une participante lui demande si elle ne craint pas de s'engager sur un terrain glissant. Nathalie y a pensé, bien entendu, mais elle s'est laissée prendre au jeu : « L'idée m'est venue spontanément. Je savais que Suzanne ne le prendrait pas au pied de la lettre. D'ailleurs, depuis, c'est devenu une plaisanterie dans la famille, et ça a beaucoup plus d'impact que ma vieille rengaine. »

Les enfants « pas comme les autres »

A treize ans, Joël est obèse. Madeleine, sa maman, est la première à le reconnaître : « Il faut dire que c'est impressionnant ! » Elle craint surtout que cela ne complique ses problèmes d'adolescent. « J'ai beau lui rabâcher qu'il devrait faire attention à ce qu'il mange, arrêter les hamburgers et le Coca, rien n'y fait. Plus j'en rajoute, plus il s'empiffre, mais c'est plus fort que moi. Pour ne rien arranger, son petit frère est musclé et sec comme une trique. » Mais un beau jour, lassé des commentaires de sa mère, Joël se rebelle.

« Laisse ce paquet de chips. Mange un fruit, plutôt.

Ça te ferait plus de bien.... Eh ! Tu m'entends ? Tu veux une pomme ou une poire ?

— Lâche-moi les baskets ! Je sais que tu me détestes parce que je suis gros. Mais tu pourrais pas voir autre chose en moi que mes bourrelets ? »

Il sort en claquant la porte, laissant sa mère médusée. Comment peut-il penser une chose pareille ? Elle veut absolument le rassurer, mais les arguments qui lui viennent à l'esprit sonnent terriblement faux : « Je ne peux pas lui dire que son poids n'a aucune importance. Il ne me croirait jamais. Ni que ça ne me dérange pas. Ce serait un mensonge. Mais j'ai fini par trouver en essayant de voir les choses de son point de vue : pourquoi est-ce aussi important, après tout ? Ce n'est pas ce qui le rend moins attachant, mais il est mal dans sa peau, et mal à l'aise avec ses copains. J'ai fini par le prendre à part en pesant mes mots :

"Joël, tu ne parlais pas sérieusement ! Tu penses vraiment que je ne t'aime pas ?

— Je sais que tu n'aimes pas que je sois gros.

— Je suis désolée si j'ai pu te donner cette impression, mais sache que non seulement je t'aime beaucoup, mais en plus, je te trouve adorable. Tu peux être drôle et fûté, quand tu veux, et ça, ça me plaît. Quant à tes kilos en trop, ce n'est pas qu'ils m'ennuient, mais il m'inquiètent : autant pour ta santé que pour ton bonheur. Je sais que ce n'est pas facile d'essuyer les remarques des autres enfants. Comment veux-tu que je reste indifférente ? Je suis ta mère, après tout.

— C'est pas une raison pour être sur mon dos toute la journée.

— C'est vrai que parfois je pousse un peu. Mais nous pourrions trouver un moyen de t'aider à faire tes menus et à te contrôler, si tu veux. Je connais une diététicienne pour adolescents. Ça te dirait d'aller la voir ?

— D'accord, mais à condition que ça reste entre nous. Je ne veux pas qu'il soit au courant."

Il, c'était bien sûr son cher petit frère. Et je compris qu'il était aussi de mon devoir d'interdire au petit toute remarque désobligeante. »

Quelques mois plus tard, Madeleine nous raconte que son fils continue à se battre contre ses kilos, et qu'elle l'épaule fidèlement. Depuis leur discussion, elle se montre plus tolérante et lui, moins sur la défensive. L'épisode a marqué un tournant dans leur relation : « Ses paroles ont porté et, bien qu'il les ait prononcées sous le coup de la colère, il lui a fallu bien du courage pour vider son sac. J'ai mis de l'eau dans mon vin et pour sa part, il y met vraiment de la bonne volonté – ce qui n'empêche pas les écarts. Les visites chez la diététicienne lui ont aussi fait beaucoup de bien : il se sent adulte, écouté. Elle m'a d'ailleurs bien dit que ces problèmes de poids étaient fréquents chez les garçons de son âge, ce qui a également contribué à me détendre un peu. »

Nombre de parents sont confrontés à ce type de dilemme lorsqu'un de leurs enfants présente des caractéristiques physiques ou psychologiques qui le distinguent des autres. Comment gérer ces situations délicates ? N'oublions pas que si l'enfant, lui-même, en souffre, son handicap peut avoir des répercussions sur ses frères et sœurs. Pour peu que ses parents doivent lui consacrer plus de temps et d'attention, les autres se sentiront lésés.

Julia a un fils de neuf ans atteint de graves déficiences mentales ; il est inscrit dans un institut spécialisé et un tuteur le suit à domicile. Julia est d'autant plus sensible à ce que cela peut représenter pour ses deux filles qu'elle a connu une situation similaire : « Mon petit frère est né prématurément et a toujours eu une santé fragile. A la maison, il n'y en avait que pour lui. Ma mère le couvait et était en permanence aux petits soins pour lui. Sous prétexte que moi, j'étais solide et en pleine forme, les parents estimaient que je n'avais pas besoin d'eux, ou si peu. Un matin où j'avais envie de me faire dorloter, je me suis plainte d'un mal de ventre. Si c'était Jacques qui avait dit ça, elle se serait précipitée pour appeler le docteur. Mais elle ne trouva qu'une chose à me dire : "Tu n'as pas l'air si mal en point que ça !" Elle prit tout de même ma température : 37°. Elle m'expédia aussi sec à l'école. Dire que j'enviais mon frère d'être aussi chétif !

Je me suis bien juré que jamais je ne reproduirais la même erreur avec mes filles. Je suis toujours à l'écoute de leurs petites misères et, au moindre problème, elles ont toute mon attention. Par chance, elles adorent leur frère et savent très bien pourquoi il fréquente une autre école et a un maître particulier. La grande est plutôt bonne élève et, depuis quelque temps, j'ai remarqué qu'elle aide volontiers son frère à faire ses devoirs. »

La présence dans la maison d'un enfant exigeant des soins particuliers et intensifs resserre parfois les liens entre frères et sœurs. Charlotte, huit ans, est une deuxième mère pour sa petite sœur, asthmatique chronique, et est très fière de s'en occuper. « Dès qu'elles sortent ensemble, elle veille sur les moindres besoins d'Émilie. C'est elle qui vérifie que le nébulisateur est bien dans le sac avant de partir, par exemple. Charlotte a très bien réagi au handicap de sa sœur ; elle aurait pu se sentir négligée, mais elle a si bien pris les choses en main qu'elle en sort grandie. »

Lorsque Ingrid a appris que son fils était attardé mental léger, elle a eu du mal à encaisser le choc. Pourtant, quand elle fait le bilan, elle se rend compte qu'elle a fait beaucoup de chemin, depuis. Bien sûr, il lui a fallu du cran pour franchir tous les obstacles. « En apprenant la nouvelle, nous étions effondrés. Nous avons mis un moment à nous en remettre. Nous avons fait le tour des spécialistes. Nous nous demandions aussi jusqu'à quel point le handicap de Paul affecterait le reste de la famille, notamment ses frères et sœurs. Au début, nous nous forcions un peu pour le traiter comme les autres, mais avec le temps, c'est devenu un peu plus naturel. Nous avons appris à lui laisser autant d'autonomie que possible, sans nous empresser de l'aider pour un oui ou pour un non. Nous avons essayé d'être aussi équitables que possible, autant sur les questions de discipline que dans nos attentes. En fait, nous nous sommes rendu compte que les enfants vivaient dans deux mondes différents : à la maison, au sein d'une famille pas comme les autres, et à l'école, où ils devaient s'intégrer. Or, s'intégrer, cela signifiait aussi défendre le petit frère attardé mental. Et cela n'a pas toujours été facile. Ils ont dû intervenir, expliquer, et parfois choisir leur camp.

Si j'avais un conseil à donner à une mère dans mon cas, je lui recommanderais de considérer tout d'abord son enfant comme une personne avant de s'intéresser à son handicap, et d'inciter la famille et les amis à en faire de même.

- Essayez de passer autant de temps avec chacun de vos enfants, qu'il soit handicapé ou non.
- Faites participer l'enfant attardé à toutes les activités familiales.
- Répondez normalement et sans détour aux questions de ses frères et sœurs.

- Accordez la même importance aux efforts et aux résultats de chacun.
- Ne leur imposez aucun tabou sur le handicap de leur frère ou de leur sœur.
- Veillez à répondre aux besoins de chacun, mais n'oubliez pas pour autant de vous ménager : vous aussi, vous avez un équilibre affectif, physique et mental à préserver.
- Au besoin, n'hésitez pas à rencontrer d'autres parents confrontés à la même situation que vous. »

Vive la diversité !

A partir du deuxième enfant, on se demande toujours un peu à quoi ressemblera le petit être qui s'apprête à venir au monde. Sera-t-il très différent du premier ou lui ressemblera-t-il ? Tout le charme de la vie de famille tient à sa diversité, faite de frimousses, de caractères, de manies, de goûts, de problèmes et de talents aussi différents les uns que les autres. Il nous arrive par moments de nous dire que la vie serait bien plus simple s'ils étaient tous coulés dans le même moule, mais à bien y réfléchir, l'idée d'avoir sous notre toit une série de clones nous fait frémir d'horreur.

Cette maman qui se plaignait si souvent de devoir se partager entre deux êtres totalement opposés reconnaissait que sa vie n'en était que plus riche : « L'aîné, Martin, est beaucoup plus facile à vivre. Il est doux, affectueux et réfléchi. En revanche, Stéphane est un paquet de nerfs, débordant de vie, qu'on entend arriver de loin ! Il épuiserait un régiment, mais c'est ce qui fait son charme. Physiquement, ils ne se ressemblent pas du tout : Martin serait plutôt beau gosse, alors que Stéphane a un petit regard malicieux et un sourire en coin, mais il n'a rien du play-boy. Comme nous le disons en plaisantant, l'un a la beauté, l'autre le charme. C'est un véritable plaisir que de les voir grandir et évoluer chacun à leur manière, et de découvrir que nous avons établi avec chacun une relation bien particulière. Je suis la première à reconnaître que par moments, j'aimerais qu'ils se ressemblent davantage. Mais je ne changerais ma famille pour rien au monde. »

Les petites attentions, qui nous rappellent que nous sommes uniques aux yeux de nos parents, se gravent dans notre mémoire. Quarante-cinq ans plus tard, Eva se souvient encore avec délices de son huitième anniversaire : « Ma petite sœur était née deux semaines plus tôt, et pourtant, ma mère a invité toutes mes amies pour un grand goûter d'anniversaire. Elle avait même fait le gâteau ! Il m'a fallu des années pour me rendre compte de ce que cela avait pu représenter comme efforts pour elle. Tout ça pour me faire plaisir. Je n'ai jamais oublié cette fête. Je la revois comme si c'était hier : les jeux auxquels nous avons joué, les cadeaux, le visage de ma mère qui apportait le gâteau et me regardait tendrement souffler mes bougies. Dès que j'ai le vague à l'âme, je repense à cette scène, et ça me réconforte. »

Une autre femme espérait pouvoir offrir à ses enfants ce qu'elle-même avait reçu de son père : « J'aimerais que chacun ait son jour de gloire. C'est un principe qui me vient de mon père. Je faisais du sport et j'avais été sélectionnée pour la finale nationale des juniors. Mon père déclara : "Aujourd'hui, c'est un grand jour pour toi, et nous n'allons pas laisser passer ça. Nous serons tous là pour ton jour de gloire. Et quand le tour de ta sœur viendra, nous y serons aussi." Aujourd'hui, en tant que mère, c'est véritablement quelque chose qui me tient à cœur. »

Chapitre 7

A TROIS, J'EXPLOSE !

« Après une journée harassante, je me mets enfin à table en espérant partager un moment de tranquillité en famille. Et voilà que ma fille me renverse un verre d'eau glacée sur les genoux. Je la secoue comme un prunier : "Mais c'est pas possible d'être aussi maladroite !" J'aurais mieux fait de la rassurer : "Ce n'est pas grave, ça arrive à tout le monde. Aide-moi à nettoyer." »

Neil Kurshan

« Sous l'effet de la colère, je m'entends dire des choses que je n'oserais même pas réserver à mon pire ennemi. Si vous saviez… mais c'est plus fort que moi ! » Ce cri du cœur me rappelait étrangement quelque chose : moi aussi, j'avais connu ces remords après un accès de colère. Et il semblerait que ce soit là le propre des parents, quels que soient leur classe sociale, origine, conviction religieuse et niveau d'études. Comment échapper à ces débordements, et surtout tenir sa langue ? Ces personnes normalement constituées aimant par-dessus tout leur progéniture, ne se reconnaissent plus quand elles s'en prennent ainsi à leurs enfants. Comme le constatait très justement un humoriste : « S'il y a une constante dans l'éducation des enfants, ce sont bien les colères des parents ». Ceci est aussi vrai avec un enfant qu'avec plusieurs, mais il semblerait que les mesquineries, les taquineries et les disputes entre frères et sœurs soient un catalyseur de choix. Et pour peu que les foudres parentales tombent sur un membre de la couvée, les autres s'ingénieront à jeter de l'huile sur le feu. De plus, si l'on peut se donner le temps de se calmer en envoyant le fils unique dans sa chambre, comment se hisser au-dessus de la mêlée lorsque bébé hurle et que les deux grands s'étripent dans la pièce voisine ? « Il y a des jours, avoue une maman, où j'aimerais les enfermer tous au grenier. Hélas, nous n'avons pas de grenier ! ».

J'ai remarqué au fil de mes séminaires avec des parents que dès que l'on aborde le thème de la colère, les yeux se baissent piteusement et les visages se ferment. A croire que cette émotion compromettrait irrémédiablement leur image de parents modèles. D'ailleurs, leur grande ambition est d'échapper une bonne fois pour toutes à l'hydre de la colère. Première erreur. N'allons pas penser que nous resterons toujours impassibles devant les frasques de nos chers petits. Face à l'inévitable, fourbissons nos armes et préparons-nous à l'après-colère.

Je suis si intimement persuadée que la colère est un sentiment naturel et incontournable que nous pouvons mettre à profit à bien des égards, que j'ai consacré un ouvrage entier à la question (*Conflits parents-enfants. Comment maintenir le dialogue*). Ce livre m'a valu un abondant courrier. Les lecteurs étaient ravis de découvrir qu'ils n'étaient pas des monstres et que leurs colères étaient légitimes. C'est précisément ce dont ils doutaient, convaincus qu'ils étaient que des parents dignes de ce nom sont des maîtres zen. Certains avaient si bien appris à ravaler leur rage qu'ils n'osaient même plus élever la voix, de peur de réveiller le volcan qui grondait en eux.

Un ça va, deux, bonjour les dégâts !

« Selon vous, quels sont les inconvénients d'une famille nombreuse ? » Cette question quelque peu abrupte met généralement les parents très mal à l'aise. Ils reconnaissent volontiers qu'il leur arrive d'être dépassés par les événements et qu'ils ont toutes les peines du monde à garder leur sang-froid. Pas un ne se risque toutefois à mettre le doigt sur le moindre inconvénient, et moins encore à avouer que la vie était bien plus douce à l'époque où il n'y avait qu'un enfant. Ce serait dénigrer les suivants. Pourtant, dès qu'un climat de confiance est établi, ils se rendent compte que c'est l'occasion ou jamais de laisser libre cours à leurs frustrations : ici, personne ne les jugera, et tout le monde se trouvera d'étonnants points communs… plus inavouables les uns que les autres ! La franchise reprend alors ses droits. Quel soulagement ! Ils ont vidé leur sac et n'ont pas été frappés par la foudre. La DDASS n'est pas à leurs trousses !

Pour maîtriser ses émotions, le mieux est de commencer par les exprimer, même si de prime abord, elles ne sont pas très reluisantes. Sans aller jusqu'à le crier sur les toits, reconnaissez qu'il y a des jours où vous craquez, où vous aimeriez changer de vie (ou d'enfants), où vous voudriez les mettre en pension pour enfin vivre votre vie. Lorsque vous parviendrez à dire en toute simplicité que depuis l'arrivée du deuxième, la vie n'est plus si rose, vous aurez enfin retrouvé le sens des réalités. Ce n'est pas pour autant que vous regretterez d'avoir fait le deuxième, de vous être obstinée en faisant le troisième, etc. Cet aveu n'enlève strictement rien à l'amour que vous portez à vos enfants.

Les séminaires tels que ceux que j'anime sont un lieu de rencontre privilégié pour les parents, qui y découvrent leurs alter ego. La grande révélation, c'est qu'ils ne sont pas seuls. Lorsque la machine est lancée, difficile de l'arrêter. Denise commence : « On vit dans le vacarme et l'on n'a le temps de rien faire. J'ai à peine assez de mes deux bras et de mes deux jambes pour changer la couche du petit, signer le carnet de notes du grand et frotter la serpillière du bout du pied sur le carrelage de la cuisine. Sur ce, le mari débarque, épuisé par sa journée de travail, et ne trouve rien de mieux à faire que de se plaindre du bazar qui traîne encore. J'en oublie, mais je vous laisse le soin de compléter.

— Je vais peut-être vous sembler un peu mesquine, renchérit Alice, mais le deuxième grève aussi très sérieusement le budget familial.

— Moi, poursuit Sonia, j'ai des jumeaux et croyez-moi, tout est multiplié par deux : deux fois plus de nuits blanches, deux fois plus de rubéoles, deux fois plus de bêtises, deux fois plus de linge sale, deux fois plus de larmes, deux fois plus de jouets éparpillés dans toute la maison, deux fois plus de bouillie par terre. Et pourtant, vous allez dire que je suis maso : j'attends le troisième !

— Il y a des jours où je suis rongée par une colère sourde, où je leur en veux, soupire amèrement Josiane. Depuis la naissance du deuxième, j'ai fait une croix sur ma vie professionnelle. Dieu sait que j'aimais mon métier, mais il était tellement prenant qu'entre les rendez-vous avec les clients, le petit de quatre ans et le bébé, j'ai perdu pied. Quand je revois mes anciennes collègues, je les envie tellement que cela en devient maladif. Je me force à m'intéresser aux activités des enfants, mais si vous saviez comme je m'ennuie ! Je suis au bord de la dépression. L'ambiance du bureau me manque, depuis les conversations entre adultes jusqu'au calme et à l'ordre. C'est pour ça qu'à la moindre chamaillerie, j'explose et je hurle. »

Nous le voyons, une colère peut en cacher une autre. En fin de compte, ce ne sont pas tant les jérémiades, les bagarres ou les impertinences des enfants qui nous exaspèrent, mais bien davantage nos déceptions, frustrations et sentiments de culpabilité qui resurgissent à la moindre provocation. Nous enrageons de constater que malgré toute notre bonne volonté, tellement de choses nous échappent que nous ne parvenons pas à leur montrer la voie. Que plus nous voulons le bonheur de nos enfants, plus le quotidien se charge de nous rappeler que le bonheur est évanescent. Que la vie n'est pas un long fleuve tranquille, que personne n'est parfait et que les obstacles se multiplient au fil du temps. Ce sont bien souvent de petits riens qui, dès que nous sommes fatigués, surmenés, inquiets ou déprimés, déclenchent les grosses colères.

Diane nous raconte un de ces petits incidents anodins, comme nous en avons tous vécus, qui, un matin, fait déborder le vase : « Alain et Charles-Henri s'arrachaient le coupon de la boîte de corn flakes. C'était à qui le remplirait pour recevoir le jouet offert.

« C'est moi qui l'ai vu le premier !

— Mais tu ne l'as pas dit le premier. Alors, ça compte pas.

— J'ai mis mon doigt dessus.

— Ça ne compte pas non plus. T'avais qu'à le dire.

— Bon, si vous voulez le remplir, c'est le moment, les enfants. Vous l'enverrez tous les deux et vous vous partagerez le jouet.

— Non, il est pour moi.

— C'est pas vrai. C'est moi qui l'ai dit le premier."

Ils ont continué à se renvoyer la balle, et ça ne menait nulle part. Ils me tapaient tellement sur les nerfs que j'ai fini par arracher la boîte des mains d'Alain et par déchirer le coupon en mille morceaux. En soi, la scène n'a rien de très original, et ce n'est pas tant la dispute qui m'a exaspérée. C'était cet égoïsme. Ça, je ne supporte pas. Surtout pas de la part de mes enfants. »

Ce témoignage est tout à fait caractéristique. N'importe quelle étincelle suffit à faire sauter les fusibles. Diane a réagi au quart de tour, car il lui a soudain semblé voir chez ses chères têtes blondes les défauts qu'elle exècre le plus. Et dans cette scène de la vie quotidienne, elle n'a voulu voir qu'un signe avant-coureur de la déchéance morale qui menace ses enfants.

A supposer que vous soyez passablement fatigués, et que votre marmaille soit particulièrement insupportable, vous êtes la proie idéale de la colère. Il y a des jours où tout va mal : votre patron vous a épinglé(e), le bus était bondé, la caissière du supermarché a fermé juste avant vous, les discours de belle-maman vous ont donné la migraine et vous n'attendez qu'un prétexte pour enfin vous défouler. Et voilà que le petit a oublié de tirer la chasse. Mal lui en a pris ! Vous fondez sur lui, toutes serres dehors. Enfin une proie à votre portée. Vous ne pouviez tout de même pas envoyer votre patron au lit sans manger, interdire le chauffeur du bus de télé pendant une semaine, mettre la caissière au coin et faire taire votre belle-mère pendant une demi-heure. Ce n'est pourtant pas l'envie qui vous en manquait. Heureusement, il y a les enfants !

Quand toutes les tensions accumulées remontent à la surface et qu'enfin vous éclatez, vous vous sentez libéré(e). Hélas, cette merveilleuse sensation ne dure qu'un moment. Qui plus est, vous risquez l'effet boomerang, tant il est vrai que la colère n'engendre que la colère. Les hurlements, les portes qui claquent, les sanglots et les mots blessants n'ont rien de très relaxant. L'orage passé, il ne nous reste que le goût amer du remords. Le meilleur moyen d'éviter les débordements, particulièrement si vous craignez que le châtiment soit disproportionné par rapport au crime, est d'admettre que tous les sentiments sont légitimes. C'est le passage à l'acte qui est dangereux. Acceptez votre colère, reconnaissez vos sentiments, aussi monstrueux soient-ils. Après tout, vous n'avez rien de surhumain. Mais abstenez-vous de les manifester à vos enfants. C'est certainement là le plus difficile, mais quelques ficelles peuvent vous y aider.

Non à la violence !

Un mot blessant ou injurieux marque parfois beaucoup plus profondément qu'une paire de gifles. Nombreux sont ceux qui, trente ou quarante ans plus tard, se souviennent encore d'échanges cinglants. La colère est humaine, soit, et Dieu sait que les enfants peuvent nous pousser à bout, mais veillons à ne pas franchir les bornes : si les mots et les gestes peuvent soulager, ils ne doivent en aucun cas faire mal. Car en faisant montre d'autorité, nous cherchons à imposer le respect, mais semons souvent la terreur.

Malgré toutes nos bonnes intentions, il arrive que

nous ne puissions nous empêcher de reporter sur nos enfants notre propre vécu et, sous l'emprise de la colère, de leur ressortir presque mot pour mot les piques que nos propres parents nous lançaient. Rien de plus naturel, puisqu'après tout, c'est le premier modèle dont nous disposons. Et, poussés dans nos derniers retranchements, nous nous entendons prononcer les expressions éculées qui ont bercé – ou secoué – notre jeunesse :

« Pour qui tu te prends ? »

« Tu l'auras cherché ! »

« Après tout ce que j'ai fait pour toi ! »

« Tiens, prends ça, ça t'apprendra ! »

« Décidément, tu es indécrottable ! »

« Baisse les yeux quand je te parle ! »

« Disparais, je ne veux plus te voir ! »

« Si tu ne sais pas pourquoi tu pleures, maintenant tu le sauras. »

« Attention, ça va partir ! »

« Dès que je me laisse emporter, ce sont les bonnes vieilles méthodes des parents qui reviennent au galop. Ce sont celles que je connais le mieux, avoue Sylvette, mère de quatre enfants. Je commence à peine à me rendre compte à quel point je suis autoritaire : je les mène à la baguette toute la journée, je les asticote pour un rien, je hurle et de temps en temps, je donne une bonne fessée. Après quoi, bien sûr, je me sens piteuse. Je sais très bien que quand la colère et les frustrations débordent, ce n'est plus moi qui suis aux commandes, c'est le pilote automatique ! »

Mais, revers de la médaille, ceux qui résistent héroïquement à l'appel de l'autorité à tout crin et évitent scrupuleusement les vexations ne sont pas toujours satisfaits du résultat. Julie, mère modèle, s'est jurée de ne jamais avoir un mot plus haut que l'autre pour ne pas froisser l'amour-propre de ses enfants : « Je ne voulais surtout pas inspirer à mes enfants la crainte que m'inspiraient mes parents. Et j'ai réussi – au-delà de toute espérance, hélas ! », ajoute-t-elle mi-figue mi-raisin.

De tous les thèmes que j'aborde avec les parents, la colère est celui qui les inquiète le plus : leurs mauvais souvenirs sont encore si vivants qu'ils craignent de laisser les mêmes stigmates chez leurs enfants.

A quarante-six ans, Irène, mère de deux adolescents, frissonne encore en repensant aux commentaires sarcastiques de son père : « Il n'avait aucun scrupule à nous traiter de porcs et à nous menacer de nous faire manger au garage. Sa réplique préférée était “Allez jouer au milieu du carrefour, les enfants !” Je ne pourrais jamais dire ça aux miens ! Cela étant, il avait la paix : nous ne nous risquions jamais à nous disputer en sa présence tant il nous terrorisait. »

Par leurs comportements contradictoires, les parents sèment le trouble dans l'esprit de leurs enfants, pris en étau entre amour et colère. Martha a été élevée dans la bonne tradition germanique par un père très strict. « Tous les soirs, notre mère faisait le compte des bêtises de la journée et papa distribuait les fessées. Après quoi, il nous serrait dans ses bras et, pour se justifier, affirmait que qui aime bien châtie bien. Ces câlins forcés faisaient aussi mal que les fessées. Je n'y comprenais plus rien et, en grandissant, j'en ai voulu de plus en plus à mon père d'avoir établi cette équation entre amour et châtiment. »

Pour des générations entières, la discipline et l'apprentissage de la vie passaient nécessairement par la crainte de l'autorité parentale. A l'époque, on appelait ça du « respect ». Mais personne n'était dupe. On sentait bien que quelque chose coinçait et l'on se jurait de ne pas reproduire ce modèle. Mais par quoi le remplacer ? C'est bien là que le bât blesse.

Souvenez-vous du premier caprice de votre charmant bambin. Vous avez trépigné avant lui, mais jamais encore vous n'avez eu à réagir. Et voilà que s'effondrent toutes vos bonnes résolutions, vos rêves de sérénité, de méthodes douces. Soudain, vous vous surprenez à taper du pied devant lui en hurlant : « Obéis et tout de suite ! ».

Or, en voulant punir pour l'exemple, nous instillons à nos enfants un contre-exemple. Le père qui empoigne son fils pour lui flanquer une bonne fessée en criant : « Je t'interdis de taper ton frère ! », se rend coupable de la faute même qu'il fustige. Tel autre qui ridiculise ou injurie ses enfants ne les encouragera qu'à imiter ce mécanisme. Que voulez-vous qu'ils y comprennent ? Tous les comportements fondamentaux d'un individu sont acquis au cours de l'enfance. Il est désormais établi que les individus élevés dans un climat de violence reproduisent tôt ou tard le schéma relationnel qu'ils ont intégré. Normal, puisque c'est ainsi qu'ils ont appris à évacuer leurs émotions négatives. Pour inverser la tendance, les parents n'ont d'autre choix que de trouver des méthodes d'éducation plus civilisées. La discipline ne doit plus passer par l'animosité. Les sarcasmes, les vexations, le dénigrement et le dédain sont autant de flèches empoisonnées, tout aussi nuisibles que les coups.

Au chapitre de la discipline, le dilemme de la fessée figure en bonne place : faut-il laisser partir la main ou la retenir ? Nous avons presque tous le souvenir de l'humiliation, de la rage et de l'impuissance nées de la fatidique fessée. « Jamais je ne ferai vivre cela à mes enfants », nous disions-nous. Mais nous voici parents à notre tour et quelques lézardes fissurent déjà le mur des certitudes. « Si la nouvelle génération en est là, c'est peut-être parce qu'elle n'a pas reçu assez de fessées. » Le commentaire de cette mère suscite des hochements de tête entendus. Un papa renchérit : « Tant qu'ils sont sous mon toit, soit ils m'obéissent, soit ils s'exposent aux raclées ! »

Le châtiment corporel est aussi instinctif que primaire. Pour celui qui le donne, il soulage et procure un sentiment de domination. Pour celui qui le reçoit, il fait naître un désir de revanche. Rien de bien constructif. « Quand mon père me corrigeait, raconte un jeune papa, j'étais aveuglé par la rage et la haine et je ne pensais plus qu'à une chose : lui rendre la pareille. Je me rappelle encore ce sentiment d'humiliation, mais j'ai totalement oublié ce qui m'avait valu la punition. » Ce qui montre bien que la claque et la fessée sont totalement inefficaces.

Pour ne rien arranger, il y a un aspect peu reluisant du châtiment corporel : si nous frappons nos enfants, c'est en premier lieu parce qu'ils sont plus petits que nous et plus faibles. Autre argument qui plaide résolument contre ces méthodes : elles ne sont jamais raisonnées. Qui a jamais donné une fessée après avoir recouvré son calme et mûrement réfléchi à son geste ?

Si vous souhaitez donner à vos enfants le sens des responsabilités, une ouverture sur les autres et un esprit de communauté, ce n'est en aucun cas de cette façon que vous y parviendrez. Les enfants battus ne seront pas nécessairement des parents battants, mais leur comportement sera davantage dicté par la crainte que par la volonté de bien faire. Dès qu'ils ne seront plus sous votre coupe, ils auront perdu tous leurs repères et seront incapables de gérer les conflits de façon constructive.

Les enfants battus ne sont déjà que trop nombreux de

par le monde. Commençons par balayer devant notre porte et par bannir systématiquement le recours à la violence. C'est nous qui forgeons aujourd'hui la société de demain. Léguons-lui un modèle de discipline plus valorisant et plus positif.

POUR NE PAS FAIRE MAL...

A peine avons-nous perdu patience qu'une vague de culpabilité nous submerge. Nous ne voulions pas crier, nous ne voulions pas menacer, et moins encore faire mal à nos enfants. Nous connaissons trop bien l'effet boomerang. Et pourtant c'est plus fort que nous, nous craquons. Voici une panoplie de techniques qui ont fait leurs preuves et sauront vous aider à surmonter les moments difficiles.

Imposez un temps mort

La goutte d'eau va faire déborder le vase ? Deux mots d'ordre : sortir et attendre. Vous avez encore une once de patience, exploitez-la. Si vos enfants vous font sortir de vos gonds, n'espérez pas résoudre le problème à chaud par le dialogue. Vous avez besoin d'un temps mort, et eux aussi.

Samson, quatre ans, n'a jamais admis l'intrusion de sa petite sœur. Il a eu raison des nerfs de sa maman le jour où elle l'a surpris dans la cuisine, debout sur un tabouret, occupé à vider consciencieusement les biberons préparés la veille. Elle se précipite sur lui, l'attrape par le col et abat une main énergique sur son petit derrière. « File dans ta chambre et que je ne te voie plus ! » hurle-t-elle en le poussant dans le couloir. Le petit file en sanglotant. « Dès qu'il a quitté la cuisine, j'ai vu la bouteille d'Oasis sur la paillasse et j'ai compris qu'il voulait remplir les biberons de sa boisson préférée, avec les meilleures intentions du monde. Je ne me pardonnais pas mon geste. Je n'aime pas les fessées, mais sur le coup, cela a été plus fort que moi. Je me suis empressée d'aller le consoler. Le malheureux, secoué par les larmes, parvint à m'expliquer qu'il voulait préparer de bons biberons à sa petite sœur. J'ai essayé de minimiser l'incident, mais dans mon for intérieur, je m'en voulais terriblement. »

Sous l'empire de la surprise et de la colère, cette maman s'est laissée entraîner par son impulsion première, pour s'en mordre les doigts trois minutes plus tard. Comment lui jeter la pierre ? Pourtant, l'emportement n'est pas une fatalité. Avec un peu de sang-froid, elle aurait pu faire descendre Samson du tabouret et le sermonner calmement : « Samson, je suis très fâchée. J'ai passé des heures à préparer ces biberons, et voilà que tu les vides. Va dans ta chambre en attendant que je me calme et nous en reparlerons. »

Si ce modèle de sérénité vous semble utopique, essayez la méthode Coué : « Je suis calme, la vie est belle, tout va bien ». Répétez quelques dizaines de fois jusqu'à disparition du symptôme. A défaut, trouvez une autre échappatoire : jurez en javanais, allez hurler au bord du périphérique – ou dans la salle de bains –, appelez une amie à l'oreille compatissante, faites le tour du pâté de maisons en courant, ou comptez tout simplement jusqu'à dix. Aussi élémentaires soient-elles, ces techniques n'en sont pas moins efficaces pour lâcher les soupapes avant que la cocotte n'explose.

N'attaquez pas, parlez de vous

Rien n'est plus tentant que de répondre à une provocation par des généralités hâtives et vexantes :

« Pourquoi faut-il toujours que tu sois méchant avec ta sœur ? », « Vous n'avez donc jamais rien de gentil à vous dire ? », « Mais ça ne va pas, non ? », « Vous n'êtes que des petits sauvages ! ». Ce type de réflexions vise davantage la personnalité de vos enfants que les faits et gestes que vous leur reprochez.

Pour éviter cet écueil, mettez plutôt le doigt sur ce qui vous dérange. Au lieu de les traiter de sauvages, expliquez : « Je ne peux pas conduire avec tout ce bruit ». Aux accusations de méchanceté, préférez une mise au point : « Je ne supporte pas de t'entendre insulter ta sœur. Si tu es en colère, trouve autre chose. ». Au classique « Vous me rendrez folle », substituez : « J'ai besoin d'un peu de calme ».

La façon de le dire vaut tout autant que ce que l'on dit. Une voix ferme et résolue porte plus que des vociférations. Si vous haussez le ton, soyez bref. Dites-vous bien que les hurlements hystériques sont un signe de faiblesse qui n'échappe pas à la sagacité de vos enfants.

Décliner le catalogue des impératifs (sois sage, tiens-toi droit, écoute quand je te parle, ne discute pas, arrête) ne mène à rien. Ces ordres n'ont aucun sens pour vos enfants, qui attendent des arguments précis et en contexte : « Si vous avez décidé de vous battre, arrangez-vous pour que je ne vous entende pas » ; « J'ai un coup de fil à passer, baissez la radio ».

N'agitez pas le spectre d'un avenir noir

Une maman se désole de la piteuse contre-performance de son fils au brevet : « Il n'arrivera jamais à rien ». Elle a tout dit : elle voit déjà son fils condamné à vendre des journaux à la sauvette jusqu'à la fin de ses jours ou pis, affalé sur un trottoir à brandir sa bouteille de piquette, si du moins il ne croupit pas en prison ! A la moindre déception, les parents dévoilent un talent extraordinaire pour les scénarios catastrophe. Que le grand s'en prenne à sa sœur, et c'est toute la famille qui s'effondre. « Jamais ils ne s'entendront ! » Je n'oublierai jamais cette jeune mère d'une trentaine d'années qui arriva un jour en larmes : ses enfants s'étaient livrés à une joute verbale particulièrement salée. « Ils seraient capables de s'étriper le jour de mon enterrement. » L'espérance de vie des femmes étant ce qu'elle est, elle avait encore de belles années devant elle, et les enfants largement le temps de changer. Mais ce type de réaction extrême est très révélateur de notre état d'esprit.

Au lieu de vous obstiner à projeter des images épouvantables au premier grain de sable dans les rouages, efforcez-vous de rester dans l'ici et maintenant. Tenez-vous-en au problème du moment. Face à l'échec de votre enfant, exprimez simplement votre déception : « J'attendais mieux de ta part, c'est dommage ». Pour désamorcer une bagarre, il suffit d'expliquer : « Tu as le droit d'être en colère, mais pas de casser les jouets de ta sœur ». Le message a l'avantage d'être clair, mais n'hypothèque en rien l'avenir du garnement ou du cancre. Rien n'est plus pernicieux que de tenter de lire dans une boule de cristal. La vie réserve à chacun bien des surprises et nous serions bien en mal de dire de quoi demain sera fait.

Soyez bref et précis

« Dès que je leur refuse quelque chose, mes enfants ont la fâcheuse habitude de discutailler pour essayer de me faire fléchir. Je suis obligé de me mettre en colère pour me faire entendre ». Le cas n'est pas rare. Nous savons tous par expérience qu'en essayant de justifier une décision autoritaire, nous mettons le doigt dans l'engrenage. Les enfants sont maîtres dans l'art de la dialectique et ont tout le temps de polémiquer. A trois ans à peine, ils sont déjà capables de vous avoir à l'usure pour vous soutirer un oui. En témoigne ce petit dialogue rapporté par l'une de mes participantes :

« Pas de gâteau avant de manger.

— Pourquoi ?

— Ça va te couper l'appétit.

— Mais non, j'ai toujours faim, moi !

— J'ai dit pas de gâteau, un point c'est tout.

— Mais pourquoi ?

— Parce que ça va te faire du mal.

— Mais non, c'est plein de céréales. »

Le gamin, jamais à court d'arguments, finit par épuiser sa mère : « J'ai dit non, et c'est non. Encore un mot, et je n'achète plus jamais de gâteau. Compris ? » Mais le petit ne lâche pas prise : « Chez mamie au moins, j'ai le droit… »

Ne sous-estimez surtout pas les talents oratoires de vos bouts de chou. Malheur à ceux qui pensent gagner à ce petit jeu-là. Seule planche de salut : fermeté, simplicité, autorité :

« Les gâteaux, après manger. »

« On ne tape pas. »

« C'est l'heure d'aller au lit. »

« Allez, on y va. »

« Grand-mère vous attend. »

« Maman a du travail, maintenant. »

« Éteignez la télé, il est huit heures. »

« On ne se bagarre pas dans la voiture. »

Il n'est pas toujours indispensable de donner des explications logiques à tout. De temps à autre, une réplique péremptoire peut suffire : « Parce que c'est comme ça » ou « Parce que c'est moi qui décide ».

Avouons que dans certains cas, c'est d'ailleurs la seule réponse honnête.

Défoulez-vous sur le papier

C'est l'une des méthodes les plus efficaces pour se faire comprendre calmement et clairement. Le simple fait d'aller chercher du papier et un stylo a des vertus tranquillisantes, et les derniers bouillonnements s'apaisent à mesure que nous pesons nos mots et les couchons sur le papier. Pour le destinataire, le message porte beaucoup mieux que le son éraillé d'une voix exaspérée.

Thibaut tient sa petite sœur dans ses bras lorsque celle-ci régurgite sur sa chemise toute neuve. Écœuré et furieux, il laisse brutalement retomber le bébé sur le canapé. Odile, la maman, accourt aussitôt. Elle est consternée. Elle qui faisait entièrement confiance à Thibaut ! Elle s'empresse de rassurer le bébé et, repoussant son fils, lui hurle : « File dans ta chambre ! » L'incident passé, elle décide de faire une mise au point par écrit plutôt que par un long sermon. Il lui semble que cela aura plus d'impact et elle sait également qu'elle maîtrisera mieux sa colère et sa violence en écrivant. En effet, à chercher les mots justes, elle retrouve son sang-froid et en lieu et place des reproches classiques, peut profiter de l'occasion pour le responsabiliser :

Mon chéri,

Je comprends que tu n'aies pas été content de voir ta sœur salir ta belle chemise. Mais avec les bébés, c'est le genre de choses qui arrivent. C'est pour ça qu'on met toujours un linge quand on les tient. J'ai eu très peur quand tu as laissé tomber Delphine et je n'ai pas pu m'empêcher de hurler. Mais je sais que tu t'occupes très bien de ta sœur d'habitude et qu'elle t'adore. Pour la prochaine fois, nous préparerons des serviettes.

Ta maman qui t'aime

Thibaut comprit parfaitement et s'excusa de son geste intempestif.

Geneviève saute au plafond en voyant sa fille de quatorze ans envoyer un coup de pied à son demi-frère qui a osé pénétrer dans sa chambre : « Ça m'est sorti tout seul, je l'ai traitée de petit monstre. Je ne me serais jamais crue capable d'une telle grossièreté. Alexandra a couru s'enfermer dans sa chambre et y est restée jusqu'au soir. Je l'entendais sangloter. Son geste est inadmissible, mais mes paroles étaient impardonnables. Avant de me coucher, je lui ai glissé ce petit mot sous sa porte :

Ma chérie,

Je te demande pardon pour ce que je t'ai dit. J'étais furieuse de te voir maltraiter Patrick. Chez nous, on ne doit pas résoudre les problèmes en tapant. Ni en criant. Je n'aurais pas dû crier, moins encore utiliser un mot que je t'interdis de prononcer. Je sais que l'arrivée de Patrick a changé beaucoup de choses dans ta vie. Tu as droit à ton intimité et ça t'exaspère quand il déboule dans ta chambre sans crier gare. J'aimerais que nous trouvions un terrain d'entente et j'attends tes propositions.

Maman

La réponse ne se fait pas attendre. Le lendemain, Geneviève la trouve sur son oreiller :

Maman,

Pourrais-tu dire à Patrick qu'il n'a pas le droit d'entrer dans ma chambre, et m'acheter un cadenas s'il continue ? Je ne le taperai plus, sauf dans ma tête. Et puis, je n'aime pas du tout quand tu cries.

Alexandra

Comme nous le voyons, cette méthode a également l'avantage de déboucher sur des échanges épistolaires, par lesquels l'enfant exprime à son tour ses sentiments et ses doléances. Une maman garde précieusement le petit mot que son fils lui écrivit il y a vingt ans : « Chère maman, même quand je suis en colère et triste, je t'aime quand même. »

Sans aller jusqu'aux grandes déclarations et aux raisonnements philosophiques, le message écrit peut être court et bien ciblé. C'est ce qu'a compris Élise, à qui les trois enfants de moins de dix ans ne laissent pas un instant de répit. Son rêve : avoir cinq minutes à elle dans la salle de bains. Elle a eu beau hurler, implorer, menacer, rien n'y a fit. Excédée, elle finit par coller une pancarte sur la porte :

Avis à la population

Quand je suis dans la salle de bains, ne comptez sur moi ni pour vous écouter, ni pour vous départager. Derrière cette porte, je n'entends plus rien. Merci de votre compréhension.

Signé Maman.

La tactique amuse tout le monde et fait son effet. Les rares fois où les enfants l'oublient, Élise se contente de rappeler : « Lisez le panneau ». Et ils reprennent très vite le pli.

Évitez les règles impossibles

« Je ne supporte pas d'entendre mes enfants se dire qu'ils se détestent, déclare Jeanne. C'est tellement laid et dès qu'il y en a un qui commence, c'est l'escalade. Quand j'étais petite, ce genre de choses était formellement interdit à la maison, et j'avoue que cela me hérisse toujours. Pour mettre un terme à ces échanges désagréables, j'ai fini par leur interdire purement et simplement le mot “détester”. La grande de quinze ans, la spécialiste des insultes, a accepté la règle sans broncher. Il faut dire que, quand il s'agit de son petit frère, elle a du vocabulaire : Je te méprise, face de rat”. C'est sa dernière trouvaille. Je l'ai reprise bien sûr, mais elle m'a regardée avec de grands yeux innocents : “Ah bon, ‘mépriser’ c'est interdit aussi ? Et ‘face de rat’, ça ne te plaît pas ? Tu l'avais juste dit pour ‘détester’.” »

Quand ils en décident ainsi, les enfants prennent tout au pied de la lettre. Raison de plus pour édicter des règles parfaitement claires et réalistes. Inutile de vous escrimer à interdire les insultes, elles sont inévitables. De plus, l'interdit exerce sur l'enfant un attrait irrésistible. Une maman surprend son fils à traiter sa sœur de « sale limace dégueulasse ». Son sang ne fait qu'un tour : « Je te défends de parler comme ça » Elle l'envoie méditer dans sa chambre mais cinq minutes plus tard, elle entend murmurer derrière la porte : « Sale limace dégueulasse, sale limace dégueulasse, sale limace dégueulasse ». La bataille est perdue d'avance. Tout au plus aurait-elle pu espérer que ses enfants se réservent leurs gentillesses en son absence.

On comprend que les parents issus d'une génération pour laquelle « saperlipopette » et « mer… credi » étaient l'outrage suprême aient du mal à tolérer le langage fleuri de notre jeunesse délurée. Reconnaissons qu'entre la télévision, la musique et les films, ce ne sont pas les sources d'inspiration qui leur manquent. L'évolution des mœurs aidant, la vulgarité et la grossièreté font désormais partie de notre paysage quotidien. Quand le mot de Cambronne effleurait les chastes oreilles de nos grands-mères, il fallait aller chercher les sels. Mais aujourd'hui, comment exiger un langage châtié dans un monde de charretiers ? Rien ne vous empêche néanmoins d'établir des limites sous votre toit, en veillant à bien distinguer les injures routinières qui à la longue deviennent admissibles, des grossièretés proférées dans des situations extrêmes et qu'il vaut mieux ignorer.

Que les règles communautaires portent sur les écarts de langage, les horaires, les corvées, les gourmandises ou n'importe quel autre point, soyez certains de pouvoir vous y tenir. Pour peu qu'un « non » se transforme en « peut-être » ou ne soit pas systématique, vous ouvrirez une brèche dans laquelle les enfants s'engouffreront. N'oubliez pas qu'ils se délectent à retourner vos armes contre vous et qu'ils manient mieux que quiconque la rhétorique. Ce petit jeu nous exaspère autant qu'il les amuse et donne parfois des répliques des plus déroutantes :

« Tu as dis que tu revenais dans cinq minutes, et ça fait cinq minutes et demie. Tu nous demandes de ne jamais mentir mais toi, tu as menti. »

« Tu m'as demandé d'aller me laver, mais tu n'as pas parlé des dents. »

« Hier, on a eu le droit d'aller se baigner après manger, et aujourd'hui c'est interdit. »

« On n'a pas le droit de boire du Coca avant de se coucher, mais tu n'as rien dit pour le Pepsi. »

Faites la paix

Un accès de colère laisse toujours un goût amer. On s'était bien juré de ne pas crier, mais on est retombé dans le piège. De quoi désespérer de jamais y arriver ! Mais au lieu de battre votre coulpe, gardez à l'esprit d'abord que aussi aimant soit-il, aucun parent n'échappe aux débordements, et qu'ensuite, il n'est jamais trop tard pour se rattraper. Ne vous en faites pas, les enfants ne sont pas en porcelaine et, plus surprenant encore, savent se montrer compréhensifs. Quand ils vous poussent à bout, ils ne se sentent pas tout à fait innocents, et en même temps, une fois que vous avez craqué, ils n'ont qu'une envie : faire la paix. Fidèles à leur philosophie : « on efface tout, on recommence », ils savent que le courroux d'une mère cède bientôt à la tendresse, et que le cycle continuera jusqu'à ce que l'on trouve un terrain d'entente.

L'histoire de Claude en est une belle illustration : « Malgré toutes mes bonnes résolutions, je finissais toujours par m'égosiller. Et bien sûr, je culpabilisais jusqu'au soir. Puis je me suis dit que mon comportement rejaillissait peut-être sur mes enfants et que si je démarrais la journée un peu plus sereinement, ils se calmeraient aussi. Je leur ai donc promis de ne plus jamais crier et je leur ai demandé de faire de leur mieux pour m'y aider. Ça n'a pas duré longtemps : dès le lendemain matin, j'ai craqué. Les gosses jouaient à cache-cache entre la salle de bains et les chambres, alors que j'essayais de les habiller. Je les ai empoignés en hurlant, l'un après l'autre. Mon fils était en larmes : "Tu avais promis de ne plus crier". Je ne savais plus où me mettre. Je me suis effondrée sur son lit, vaincue : "C'est vrai. Je ne voulais plus crier. Dis-moi ce que je dois faire, toi !" J'étais si abattue que j'appelais sincèrement à mon secours ce petit bonhomme. Et il m'a tirée de ce mauvais pas. Du haut de ses six ans, il m'a prise par les épaules : "Allons, ce n'est pas grave. Tu essaieras encore, c'est tout." C'était tellement mignon. Il comprenait mieux que moi que personne, pas même une maman, n'est parfait et que tout espoir n'est jamais perdu. »

Les matins sont particulièrement éprouvants pour les mères. Marie-France a bien du mal à maîtriser ses nerfs lorsqu'elle voit approcher l'heure fatidique du départ à l'école. Bien sûr, elle s'efforce de se répéter que, contrairement à ce qu'elle a entendu pendant toute son enfance, être en retard n'est pas le bout du monde. Et pourtant, l'orage éclate presque tous les matins. Elle finit par présenter ses excuses à son fils de sept ans qui, magnanime, lui réplique : « T'en fais pas, m'man. Je sais qu'il ne faut pas te chatouiller le matin. » Elle en est restée sans voix. Plus tard, elle nous a confié que cette réflexion lui a ôté un énorme poids : « Il m'a débarrassée de toute ma culpabilité. A sept ans, il a déjà compris que ce n'est pas parce qu'on se met en colère qu'on est méchant. »

Chapitre 8

LE MONDE SELON EUX

« J'aime bien les petits frères et les petites sœurs, parce que quand on est en colère contre papa ou maman, c'est eux qui nous font un câlin et qui nous consolent. »

Rachel, neuf ans

Il m'a été donné l'année dernière d'animer un atelier pour enfants dans un établissement scolaire pilote. Ce fut pour moi une expérience exceptionnelle, car depuis le temps que j'écoutais les parents s'épancher sur leurs problèmes, j'avais terriblement envie d'entendre l'autre son de cloche : comment les enfants vivent leurs relations avec leurs frères et sœurs.

En arrivant, je ne savais pas trop à quoi m'attendre. La directrice avait rassemblé un groupe de filles et de garçons de neuf à seize ans. Tous avaient des frères et sœurs et étaient bien entendu ravis de pouvoir échapper à leur classe pour participer à cet atelier. Moi, j'étais plutôt inquiète. Je craignais un peu que la séance ne dégénère en règlements de comptes.

Je ne m'étais pas totalement trompée, mais j'eus également le plaisir de découvrir chez ces enfants toutes les joies que peuvent procurer les liens fraternels. En effet, à chaque fois qu'ils racontaient des incidents qui les exaspéraient ou les mettaient en colère, ils reconnaissaient plus ou moins consciemment que ces heurts étaient dans l'ordre des choses. Cette rencontre fut pour eux un exutoire privilégié ; ils avaient le droit de dire tout ce qu'ils pensaient et s'en donnèrent à cœur joie, mais sans jamais rien perdre de leur tendresse ni de leur bonne humeur.

A peine les présentations achevées, les commentaires fusent :

« Je m'appelle Ingrid et j'ai deux frères. Un de sept ans et l'autre de cinq ans et demi. Des vrais monstres.

— Des monstres ? Tiens, tiens… est-ce que quelqu'un d'autre a des monstres dans la famille ?

— Oh oui, moi !

— Moi, les miens, ils sentent des pieds.

— Eh c'est pas vrai, je sens même pas des pieds ! »

Un éclat de rire général secoue la salle. Nadège, neuf ans, enchaîne aussitôt :

« Mon grand frère a seize ans, et il me prend encore pour un bébé. Il me traite de crevette. Ça m'énerve ! Et en plus, il m'embête tout le temps.

— Allons bon ! Et qu'est-ce qu'il te fait ?

— Par exemple, il prend le canapé pour lui tout seul. Alors moi, je vais le voir et je lui dis que maman l'appelle à la cuisine. Lui, il y va et moi j'en profite pour prendre sa place. Mais quand il revient, il me jette par terre !

— Je le comprends…

— Oh c'est rien, ça ! interrompt Anne-Laure. Moi, mon frère, il a dix-huit ans et il est pire. Il m'attrape par les pieds et il me pend la tête en bas jusqu'à ce que je devienne toute rouge. Je peux vous dire que c'est pas marrant d'avoir un grand frère ! »

Le ton est donné. Chacun apporte de l'eau au moulin, accablant de tous les maux grands frères, grandes sœurs, petits frères et petites sœurs. Les surenchères vont bon train : c'est à celui qui se posera le mieux en victime. Soudain, je ne suis plus que spectatrice de cette troupe d'enfants engagés dans un débat passionné. Dans cette ambiance complice, ils peuvent enfin vider leur sac en toute liberté.

C'est la nature de leurs récriminations qui m'a marqué le plus. Je pensais qu'ils laisseraient libre cours à leur haine et leurs rancœurs, mais ils me détrompent bien vite. Malgré leurs vitupérations, ils restent généralement très terre à terre, voire affectueux. Anne-Laure a à peine dressé un portrait consternant de son frère qu'elle avoue :

« Le mois dernier, nous l'avons accompagné à Paris pour l'aider à s'installer dans sa chambre d'étudiant. Je n'ai pas arrêté de pleurer pendant tout le voyage ; je savais que je ne le reverrai pas pendant cinq mois.

— Il allait te manquer ?

— C'est quand même incroyable ! On se bat toute la journée, je lui envoie des coups de pied et il me frappe tant qu'il peut, et je pleure quand il s'en va !

— Tu trouves ça si incroyable que ça ?

— En fait, non, parce c'est vrai qu'on s'amuse bien, aussi, tous les deux. »

Plusieurs participants sont d'accord pour dire que les aînés sont tout de même plus faciles à supporter que les cadets. Roland, onze ans, en a gros sur le cœur : sa petite sœur de quatre ans, une vraie peste, s'arrange toujours pour qu'il se fasse gronder à sa place.

« Si elle tombe du lit, par exemple, elle s'empresse d'aller pleurer dans les jambes de maman et elle dit que c'est moi qui l'ai poussée.

— Pourquoi penses-tu qu'elle fait ça ?

— Elle ne veut pas dire qu'elle a fait une bêtise, alors elle dit que c'est moi.

— Et ta maman, que fait-elle ?

— Elle marche, bien sûr. J'ai beau me défendre, elle ne croit que ma sœur. Alors, je me fais punir et je suis privé de télé par exemple.

— Ça doit te mettre en colère !

— Oui, mais je me venge. J'arrive toujours à lui faire un croche-patte de temps en temps. »

Cette déclaration, quelque peu fanfaronne, suscite de petits gloussements entendus. Les enfants ont un sens inné de la justice !

Nous passons une heure à parler à bâtons rompus, et les enfants se régalent à dire ce qu'ils ont sur le cœur. Vers la fin de la séance, je leur demande si, au bout du compte, ils ne regrettent pas d'avoir des frères et sœurs. La réponse est unanime : non ! « Moi, expliqua Romain, j'ai un copain qui est fils unique. Sa mère le couve, il est gâté pourri, et quand il est chez lui, il s'ennuie tout seul. Moi, au moins quand je rentre à la maison, je peux me défouler sur mes frères et sœurs. Surtout sur mon frère, qui nous casse les oreilles avec sa chaîne stéréo. » Voilà qui résume parfaitement les plaisirs de la vie de famille.

Si l'avis des enfants m'intéresse, ce n'est pas pour ajouter à la liste des récriminations envers les parents, ni même pour compléter la litanie des chamailleries entre frères et sœurs ; c'est surtout parce que j'espérais entendre des témoignages optimistes, et déceler en eux une certaine indulgence à l'égard de leurs parents. Je n'ai pas été déçue.

A la faveur de cette petite rencontre, j'ai constaté l'aisance avec laquelle les enfants passent de la rancune à l'affection. Tandis que les parents se rongent les sangs en voyant leur marmaille s'étriper et s'insulter à qui mieux mieux, les frères ennemis, eux, jubilent. En fait, ils adorent se taquiner, comploter les uns contre les autres, se provoquer, se voler dans les plumes, pour finalement se réconcilier.

Si les parents écoutaient un peu mieux leurs enfants, ils se rendraient compte qu'ils n'ont pas tant de raisons que cela de culpabiliser et de s'inquiéter. Les bagarres, les rivalités, les réticences à partager animent parfois un peu trop le quotidien, mais pour rien au monde, les enfants qui ont connu cela n'échangeraient leur place contre celle d'un fils ou d'une fille unique. Car ce sont précisément là les petits riens qui font tout le charme de l'enfance – et qui hérissent tant les parents.

Or s'il est une leçon à tirer de l'expérience, c'est bien celle-là. Au lieu de nous poser mille et une questions métaphysiques sur notre progéniture, regardons vivre nos enfants : dans l'ensemble, ils sont heureux, sains et équilibrés et prennent les choses avec beaucoup plus de simplicité que nous.

IN-TA-RIS-SABLES !

Forte de cette première expérience, j'ai multiplié les réunions en milieu scolaire et établi à l'intention des enfants un questionnaire sur le thème des frères et sœurs. A ma grande surprise, les réponses ont afflué. Visiblement, ils s'étaient piqués au jeu et avaient consciencieusement rempli les rubriques – avec ou sans l'aide des parents. Les questions faisaient en quelque sorte pendant à celles que je posais aux parents dans un autre questionnaire. J'espérais ainsi offrir aux deux camps de nouvelles perspectives. Les résultats ont comblé toutes mes attentes, comme en témoignent ces extraits, empreints de sincérité, de drôlerie et d'émotion.

• ***Êtes-vous contents d'avoir des frères et sœurs ?***

Comme il fallait s'y attendre, cette question suscita les réponses les plus diverses, depuis « Non, c'est un enfer » jusqu'à « C'est super », en passant par des sentiments plus nuancés tel ce petit garçon de sept ans qui répondit « Bôf ».

Constance, douze ans, pèse le pour et le contre : « Les frères et sœurs, ça crie et ça se bat tout le temps, ça emprunte vos affaires. On se fait gronder à cause d'eux. Mais parfois, ils sont mignons, surtout avec les gens qu'ils ne connaissent pas. Peut-être qu'ils nous aiment bien mais ils ne savent pas toujours le montrer. »

J'ai sélectionné pour vous un petit échantillon représentatif :

« Oui et non. C'est bien d'avoir quelqu'un pour jouer, mais quand on se bagarre, ça ne me plaît plus. » (Fabrice, onze ans)

« Je suis contente d'avoir un copain pour jouer. Les enfants uniques doivent s'ennuyer, mais les petits frères sont toujours collés à nous et c'est énervant. » (Juliette, quatorze ans)

« Je me sens moins seule. » (Diane, huit ans)

« Oui, quand ils ne se mettent pas en rogne. » (Chloé, douze ans)

« Ma grande sœur me console et m'apprend plein de choses. Ça, c'est sympa. » (Adeline, onze ans)

« Non, c'est l'horreur. » (Alain, huit ans)

« Pas beaucoup. » (Joanna, six ans)

« Quand ma petite sœur est née, j'étais très heureuse. Avant, j'avais des amis, mais que dans ma tête. Maintenant qu'elle est là, je n'en ai plus besoin. » (Sarah, neuf ans)

« Ils m'embêtent et ils me prennent toutes mes affaires. » (Amandine, six ans)

« Drôlement. C'est comme si on avait des amis qui vivent à la maison et on peut toujours confier des secrets à l'un ou à l'autre. » (Nadia, douze ans)

« 95 % du temps, ils me dérangent, mais de temps en temps, ça peut être utile. » (Edouard, treize ans)

« C'est rigolo d'avoir une petite sœur car je peux la taquiner. » (Olivier, dix ans)

« Au début, quand elle est née, j'étais drôlement contente, mais maintenant elle est toujours dans mes pattes. » (Justine, six ans)

« Non, c'est très dur, parce qu'ils me repoussent tout le temps. Ils croient qu'ils peuvent faire tout ce qu'ils veulent parce qu'ils sont plus grands, et moi je ne peux pas me défendre. » (Grégoire, douze ans)

« C'est cool pour jouer, mais avec les grands frères, ça finit toujours par des bagarres. » (Mélissa, neuf ans)

« Beaucoup. Elle me fait marcher, elle joue avec mes jouets et quand elle rigole, j'adore ça. » (Simon, six ans)

« Je les aime bien, on s'amuse bien ensemble. Mes copains qui n'ont pas de frères et sœurs sont ringards. » (Stéphane, dix-huit ans)

« L'avantage, c'est que j'ai toujours quelqu'un à qui parler quand je suis triste. J'ai de la chance parce que j'ai une sœur plus grande que moi et une autre plus petite, donc une qui m'apprend plein de choses et une autre que je peux aider. Mais on se dispute quand même de temps en temps et on se fait punir. » (Perrine, neuf ans).

• A propos de quoi vous disputez-vous ?

Voilà bien leur question préférée. Ils s'en sont donné à cœur joie, souvent avec beaucoup d'humour. De quoi rassurer les parents qui craignent que les escarmouches quotidiennes ne fassent de leurs enfants des ennemis à vie. Cette rubrique m'a montré à quel point les enfants apprécient les situations d'antagonisme ; ils considèrent les disputes comme un élément de la vie quotidienne et les acceptent beaucoup plus sainement que nous le pensons.

Parmi les réponses, je vous laisse deviner ce qui revient le plus souvent... Votre amour sans partage ? Perdu ! La pomme de discorde, c'est le siège avant de la voiture, la télé, les jouets, les intrusions dans la chambre. La plupart reconnaissent volontiers qu'ils se chamaillent « pour des bêtises », « pour un oui pour un non » ou comme l'écrivait ingénument un garçon de treize ans, « pour tout ce qui nous passe par la tête ». Les bonnes et les mauvaises raisons ne manquent pas :

« Presque tout. » (Olivia, huit ans)

« Ces derniers temps, on ne se dispute plus beaucoup. Mais j'ai une sœur qui croit qu'elle sait tout. Et moi j'ai des opinions, des goûts et un caractère très différents. » (Juliette, quatorze ans)

« N'importe quel sujet. » (Jean-François, quatorze ans)

« Des vêtements, de la télé, des matchs de foot, de ce qu'on mange, des copains, des cadeaux, de l'argent, de la musique et des idées. » (Éric, seize ans)

« En général, de petits détails qu'on a oubliés quand on a fini de se battre. » (Jérôme, dix ans)

« Quand je marque un but au foot et que mon frère ne veut pas le compter, on se bat. » (Michaël, huit ans)

« Surtout à cause des jouets, mais parfois pour rien du tout. » (Sarah, neuf ans)

« Quand il y en a un qui bouscule l'autre sans le faire exprès. » (William, dix ans)

« On se dispute quand on joue à des jeux, quand on fait la course et quand on saute sur le lit de maman. » (Apolline, quatre ans)

« Plein de choses. Par exemple, quand c'est le tour de mon frère de faire la vaisselle et qu'il ne veut pas. Ou quand il triche ou qu'il me taquine. » (Armand, onze ans)

« Notre tour à la salle de bains. » (Arnaud, douze ans)

« J'aime pas quand ils me prennent mes affaires et on se dispute quand ils me traitent de copieur, surtout que c'est pas vrai, alors ça me met en colère. » (Grégoire, douze ans).

• *Rapportez-vous pour faire punir vos frères et sœurs ? Si oui, que se passe-t-il ?*

Quand j'étais enfant, ma mère punissait systématiquement celui qui caftait. Et comme c'était surtout moi qui rapportais et allais me plaindre des misères que m'infligeait mon grand frère, cette règle me semblait profondément injuste. J'avais l'impression de n'avoir aucun recours ni personne pour me défendre. Mais elle me privait surtout de l'immense plaisir de provoquer mon frère pour qu'il se fasse punir.

Or, cette règle semble toujours en vigueur dans beaucoup de foyers modernes. Les enfants ne s'en plaignent pas, et même lorsqu'ils échappent au châtiment, ils reconnaissent que le jeu n'en valait pas la chandelle. Comme l'explique joliment Clarisse, six ans, « J'aime bien aller dire à maman les bêtises de mon grand frère, mais après il ne veut plus jouer avec moi. » Jean-François, quatorze ans, prend un malin plaisir à moucharder, mais la vengeance de son frère est terrible. Dans les réponses au questionnaire, tous les cas de figure se sont présentés :

« Je cafte tout le temps et il m'arrive jamais rien. » (Olivia, sept ans)

« Si je rapporte, c'est moi qui suis punie. » (Diane, huit ans)

« Oui, et c'est moi qui prends tout sous prétexte que je suis l'aînée. » (Chloé, douze ans)

« Presque jamais, sauf des fois. Et à chaque coup, ça me retombe dessus. » (Gabrielle, seize ans)

« Avant oui, maintenant non. » (Paul, treize ans)

« J'essaie d'éviter, parce que dès qu'on cafte à la maison, ma sœur nous traite de cafardeur. » (Sarah, neuf ans)

« Non, parce que ça ne sert à rien. Les parents se moquent de nous. » (Virginie, seize ans)

« De temps en temps, mais en général maman nous laisse nous débrouiller entre nous. » (Martine, huit ans)

« C'est celui qui cafte qui prend tout. » (Christophe, douze ans)

« Je cafte rarement, et c'est surtout pour me venger. J'arrive parfois à les faire punir. Ça dépend de l'humeur des parents. » (Patrick, treize ans)

« Quand mes frères me font vraiment mal, je vais le dire à maman. Eux, ils disent que c'est juste pour les embêter, des fois, c'est vrai, mais d'autres fois, c'est pour me venger. » (Grégoire, douze ans)

« Quand c'est moi qui moucharde, les parents ne bronchent pas. Mais quand c'est ma sœur, ils démarrent au quart de tour. » (Tristan, treize ans)

« J'ai pas intérêt, car comme je suis l'aînée, ma mère se moque de moi parce que je me dispute avec un bébé de quatre ans. Et en plus, elle prend toujours sa défense. » (Catherine, onze ans)

« Chez nous, c'est interdit de cafter. Sinon, maman nous prive de télé pendant un ou deux jours ou nous envoie au lit une demi-heure plus tôt. » (Daniel, onze ans)

« Jamais. Si on se ligue, c'est toujours toutes les deux contre les parents. » (Alexandra, dix-sept ans).

• *Vos parents ont-ils un préféré ?*

Je pensais que cette question soulèverait bien des passions, tant le thème du favoritisme revient souvent dans la bouche des enfants. Or, la grande majorité des réponses se limitent à un « non » catégorique. Il y a, néanmoins, quelques voix discordantes. Surtout parmi les aînés, qui ont souvent l'impression que les parents passent tout au petit frère ou à la petite sœur.

« Oui, ils croient qu'on s'acharne tous sur ma petite sœur. Mais ils ne se demandent même pas pourquoi. Si on l'embête, c'est pas pour rien. » (Catherine, onze ans)

« Non, mais ils sont plus exigeants avec moi parce que je suis l'aîné. » (Christophe, douze ans)

« Ma mère prend toujours la défense de mon frère et mon père, la mienne. » (Arnaud, onze ans)

« Ils préfèrent tous les deux ma petite sœur. » (Emilie, dix ans)

« Oui ! » (Patrick, treize ans)

« Pas du tout. » (Sarah, neuf ans)

« Bruno a le droit de tout faire. » (Jérôme, dix ans)

« On a parfois l'impression qu'ils cherchent à défendre le plus faible. Moi, je suis l'aînée, alors je ne suis jamais la plus faible. » (Juliette, quatorze ans)

• *Quels sont les inconvénients à avoir des frères et sœurs ?*

Les enfants se sont délectés à remplir cette rubrique et offrent tout l'éventail des réponses classiques : les intrusions, les affaires, le partage et autres exaspérations quotidiennes. Ce genre de griefs a le chic pour offusquer les parents, mais force est de reconnaître qu'ils ne vont pas bien loin. Les commentaires les plus durs se limitent à « On est trop nombreux à table » et « Ils m'enquiquinent ». Je m'attendais à pire, mais la plupart des enfants semblent admettre que les inconvénients de la vie de famille font tout simplement partie du jeu. Rien qui annonce une haine fratricide !

« Je ne suis plus chez moi dans ma chambre. » (Fabrice, onze ans)

« Ils me tapent sur les nerfs, des fois. » (Diane, huit ans)

« On se bagarre souvent et ils essaient de me piquer mes copines. » (Chloé, douze ans)

« Ils font que m'embêter. » (Bruno, sept ans)

« On se bat, on se tape dessus, on se pince, on se tire les cheveux, on se griffe et on se mord. » (Gabrielle, seize ans)

« Les reproches injustifiés. » (Paul, treize ans)

« Il faut partager les parents avec les autres. » (Adeline, onze ans)

« Il me prend mes jouets ou me les arrache des mains. » (Caroline, cinq ans)

« Elle rentre toujours dans ma chambre, elle me traite tout le temps, et c'est toujours moi qui me fais gronder par papa, jamais elle. » (Julie, huit ans)

« On se fait gronder à la place des autres. On est obligé de tout partager. » (Élodie, douze ans)

« Je déteste mes frères quand ils sont méchants avec moi. » (Bertille, quatre ans)

« L'injustice, quand les parents en favorisent un. » (Marina, douze ans)

« Les grands me cassent la figure. » (Armand, onze ans)

« Ils sont toujours en train de me chercher et de me déranger, et ça m'énerve. » (Florentine, dix ans)

« La maison est toujours pleine alors que j'aimerais bien avoir la paix. » (Grégoire, douze ans)

« Il me fait honte quand je suis avec mes copines. » (Mélissa, neuf ans)

« Elle me traite de bébé. » (Julien, six ans)

« Elle me donne des coups de pied, elle me tape, elle me casse mes jouets et elle me crie après. » (Sophie, cinq ans)

« J'ai moins d'argent de poche que les autres. » (Étienne, huit ans)

« Elle m'a pris la moitié de papa et maman. » (Édouard, treize ans)

« Elle me marche sur les pieds avec son youpala. » (Simon, six ans)

« Les parents lui donnent toujours raison. » (Catherine, onze ans).

• *Quels sont les avantages ?*

Comme par magie, les bons côtés de la vie de famille éclipsent toutes les rancœurs. C'est du moins ce que laissent à penser les réponses des enfants. Sous leurs commentaires apparemment anodins, voire bourrus, affleurent un profond attachement aux frères et sœurs et une véritable tendresse, même si elle n'est pas toujours manifestée !

« Il y a toujours quelqu'un pour me tenir compagnie » (Anne, dix ans)

« Il y a de l'ambiance à la maison. » (Catherine, onze ans)

« Quand je leur demande un service, ils me le rendent. » (Julie, quatre ans)

« Ce sont mes meilleurs amis. » (Perrine, neuf ans)

« Elle m'adore. » (Julien, six ans)

« Je ne suis pas tout seul. » (Étienne, huit ans)

« Ils sont toujours là pour m'écouter quand j'ai besoin d'eux. » (Grégoire, douze ans)

« Ils vous aiment toujours. » (Monica, douze ans)

« Ils me défendent si quelqu'un m'embête. » (Florentine, dix ans)

« On rigole, on se raconte des secrets et on se serre les coudes. » (Mylène, onze ans)

« Quand il est de bonne humeur, il me montre des trucs. » (Armand, onze ans)

« Je leur raconte des histoires drôles et on s'amuse ensemble. Le soir, ils me lisent des histoires et on se fait des câlins. » (Apolline, quatre ans)

« On ne s'ennuie jamais. Il y a toujours quelqu'un à la maison » (Marina, douze ans)

« Pendant que je fais des bêtises, les autres occupent les parents. » (Patrick, treize ans)

« Ça fait quelqu'un à embêter. » (Grégoire, treize ans)

« Il y a des jours où ils sont très gentils. » (Amandine, six ans)

« Je ne suis pas toute seule et ils sont toujours là pour moi. Quand je pleure ou que je ne suis pas bien, ils me consolent. » (Armelle, six ans)

« Quand elle sera un peu plus grande, je crois qu'elle sera mieux que maintenant. » (Julie, huit ans)

« Ma sœur me ressemble beaucoup et on peut discuter ensemble. Elle me donne des conseils, m'aide à prendre des décisions et à comprendre certaines choses. » (Alexandra, dix-sept ans)

« Il est gentil et avec lui, j'ai pas peur la nuit. » (Caroline, cinq ans)

« On a des secrets et plein de projets. » (Nadine, sept ans)

« On peut les taquiner et on se tient au chaud dans le lit. » (Isabelle, sept ans)

« Ils sont moins vieux que nos parents et ils comprennent mieux nos problèmes. » (Juliana, douze ans).

• ***Combien d'enfants aurez-vous quand vous serez grand ?***

Lorsque je soulève cette question, les enfants haussent les épaules ou pouffent. Tout cela est encore loin pour eux. Je suis pourtant persuadée que c'est là l'épreuve de vérité. Sur l'ensemble des réponses, une seule plaide en faveur de l'enfant unique. Dans l'ensemble, les enfants ont beau pester contre leurs frères et sœurs, ils se rendent compte combien ils leur sont précieux. Rares sont ceux qui conçoivent une famille sans plusieurs enfants. Peut-on rêver plus belle apologie de la fratrie ?

« Moi, j'en veux trois. Comme ça, s'il y en a un qui se bat avec l'autre, il en restera toujours un pour jouer. » (Mélissa, sept ans)

« J'en veux au moins deux pour apprendre à devenir une vraie maman. » (Isabelle, sept ans)

« Plus d'un, parce qu'un enfant unique ne sait pas partager. » (Jean-François, quatorze ans)

« L'avantage des familles nombreuses, c'est qu'on apprend à affronter toutes sortes de situations, et surtout à exprimer ce qu'on ressent. » (Éric, seize ans)

« Ça doit être plus rigolo d'en avoir plusieurs. » (Diane, huit ans)

« Plus d'un, mais je sais pas pourquoi. » (Bruno, sept ans)

« Deux ou trois pour comprendre ce que ça fait de les voir se disputer. » (Nadine, sept ans)

« J'en veux deux. Pas plus, sinon il y en a toujours un qui est tout seul. Et il n'y a pas assez de place pour quatre à l'arrière de la voiture. Un seul, il s'ennuierait. A deux, ils se tiendront compagnie. » (Gabrielle, seize ans)

« Plusieurs, car il y a plus d'avantages que d'inconvénients. » (Paul, treize ans)

« Si j'en ai plusieurs, je pourrai les emmener en voyage et ils ne s'ennuieront pas. » (Michaël, huit ans)

« Deux, je crois, parce que j'aime mieux. » (Joanna, six ans)

« Trois c'est l'idéal. Un seul, il s'embête. A deux s'ils se fâchent, ils n'ont plus personne avec qui jouer. Trois, ça me plairait bien. » (Sarah, neuf ans)

« Au moins trois et peut-être quatre. Pour qu'ils aient toujours plein de monde autour d'eux, comme moi. » (Marina, douze ans)

« Il faut qu'ils soient au moins deux. Parce que les enfants uniques, on les gâte trop et c'est des vraies pestes. » (Florentine, dix ans)

« Plusieurs. Ceux qui n'ont pas de frères et sœurs sont des chiffes molles. » (Stéphane, dix-huit ans)

« Plein. Moi, j'aimerais pas être toute seule. On a besoin de frères et sœurs. » (Camille, douze ans).

Graines de parents

Voici quelque temps, je fus conviée à rencontrer les instituteurs d'une école élémentaire canadienne qui avaient mené dans plusieurs classes une expérience des plus intéressantes. Ils avaient organisé un jeu de rôles, demandant aux élèves de se mettre à la place de leurs parents : quels étaient, d'après eux, les aspects les plus difficiles de ce beau métier ? Leurs réponses furent édifiantes :

« Rentrer du travail pour avoir encore du travail. »

« Entendre les enfants se disputer. »

« Supporter le bruit. »

« Nettoyer derrière eux. »

« Les avoir dans les jambes quand on est occupé. »

« Supporter le stress et les ados. »

« Faire toutes les corvées tout seul ou presque. »

« Essayer de les mettre au lit. »

« Rentrer du bureau et trouver la maison en désordre et une pile de factures à payer. »

« Faire plaisir à tout le monde. »

« N'avoir plus une minute à soi. »

« Apprendre aux enfants à ne pas répondre. »

« Tout faire pour qu'ils soient contents et s'apercevoir qu'ils s'en fichent. »

« Ne plus avoir le temps de sortir et de s'amuser. »

« Faire le ménage, la cuisine et travailler. »

« Travailler à plein temps et tout le temps. »

« Ne pas pouvoir faire confiance à ses enfants. »

« Supporter les ados, surtout quand ils font la tête. »

« Élever quatre enfants et un chien. »

Comme nous le voyons, les enfants ne sont pas insensibles aux difficultés qu'ils nous créent et se rendent très bien compte du défi que nous avons à relever, notamment quand la famille est nombreuse.

Quelques semaines plus tard, la question a fait l'objet d'une rédaction dans la classe de CM2 et l'insituteur m'a fait lire les copies. J'avoue que la lucidité des enfants m'a impressionnée.

Bernadette, qui a un jumeau, choisit la forme épistolaire et se met dans la peau d'une maman débordée :

« Cher lecteur,

Si vous saviez comme le métier de parent est difficile ! Après une longue journée de travail, je n'ai qu'une envie : m'affaler dans le canapé et me reposer. Mais dès que je pousse la porte, je sais qu'il y a la vaisselle, la cuisine et la lessive qui m'attendent. Ça ne m'ennuie pas vraiment, mais les enfants ne me proposent jamais de m'aider. Au contraire, il faut toujours que j'en amène un ici et l'autre là. Et bien sûr, je dis toujours oui mais je ne les entends presque jamais me remercier.

J'ai des jumeaux de douze ans, une fille et un garçon, qui entrent dans l'adolescence. Justement, ils arrivent ! ! ! Il faut que j'y aille.

Signé :

Une maman harassée »

Voici la version de Jessica, l'aînée de trois enfants :

« Être parent, ça doit vraiment être dur. D'ailleurs si vous avez des enfants, vous devez le savoir. Chez nous, on sort tellement de verres propres toutes les cinq minutes que les parents passent leur temps à faire la vaisselle. Sans oublier la lessive. Ça, c'est le pire. Surtout avec des enfants qui se changent plusieurs fois par jour. Et puis, il faut supporter leurs chamailleries, leurs jérémiades, sans compter qu'ils se tapent dessus. Ça doit être pénible, surtout après le travail. Il y a des jours où les parents doivent se dire qu'ils feraient mieux de travailler tard le soir pour ne pas avoir à retrouver cette ambiance infernale. Ils doivent en avoir par-dessus la tête d'entendre toujours les mêmes refrains : “Rends-le moi !”, “Maman, il m'a tapé”. »

Michelle exprime dans sa lettre ouverte aux parents toute sa compassion :

« Chers parents,

Je comprends que vous ayez du mal à nous supporter. Quand nous sommes nés, vous étiez tout contents, mais nous avons grandi. Quand on était bébés, on vous a fait passer des nuits blanches. On ne rentre plus dans les vêtements et il faut toujours en racheter. On vous demande une chaîne stéréo et une console de jeux. On aime bien mettre le désordre partout, mais comme on ne nettoie pas, c'est vous qui le faites. Après, quand on arrive à l'adolescence, c'est encore plus difficile pour vous. On est accroché au téléphone et on demande plus d'argent de poche. Bien sûr, on ne participe pas assez aux tâches ménagères. En plus, Alexis ne rabat jamais le siège des toilettes. Je comprends que vous en ayez marre, parfois. »

Kévin touche un point sensible en soulignant que « C'est dur d'être un parent parce qu'on aimerait faire la grasse matinée, mais les enfants se lèvent toujours trop tôt ». Hervé, lui, dédramatise un peu : « C'est vrai que c'est pas facile tous les jours, mais il faut voir le bon côté des choses : au moins, vous êtes trop jeunes pour être grands-parents ! »

J'ai réservé pour la fin la plus belle copie. Isabelle s'imagine à la tête d'une nichée de dix-sept enfants !

« Bonjour, je m'appelle Amélie Mélo et j'ai dix-sept petits diablotins sous mon toit. Je vais vous décrire une de mes journées et vous comprendrez l'enfer qui est le mien. D'abord, il faut que je réveille tous les enfants et que je leur prépare le petit déjeuner. J'ai dix-sept bols de céréales à aligner sur la table. Ça, ce n'est pas trop difficile, mais après il faut nettoyer derrière eux. Laver dix-sept bols, dix-sept cuillers, éponger le lait et le jus de fruit qu'ils ont renversés. Ensuite, les enfants vont se laver, se brosser les dents et faire pipi. Pendant ce temps, je leur fais leurs sandwiches pour midi : trente-quatre tranches de pain, trente-quatre tranches de jambon, soixante-huit cornichons et trois mètres de papier alu. Quand j'ai réussi à les faire tous monter à l'arrière du camion, je les conduis à l'école. Mais en rentrant à la maison, je n'ai toujours pas une minute à moi. Il faut que je nettoie le lavabo derrière les garçons qui ont craché partout, le miroir plein de rouge à lèvres des filles et que j'aille tirer toutes les chasses d'eau de la maison. Après quoi, j'avale mon déjeuner, puis la course reprend. Il faut passer l'aspirateur dans toute la maison, à cause du chat qui laisse des poils partout. Dix minutes de calme, et c'est déjà l'heure d'aller chercher les enfants. Le soir, je prépare le souper pendant qu'ils font leurs devoirs. ils mangent comme des cochons et me laissent de la sauce tomate et des restes de spaghetti sur les murs, par terre, au plafond et sur les chaises. J'ai encore le temps de nettoyer pendant qu'ils regardent la télé et quand ils vont se coucher. Puis, je retrouve enfin mon lit pour une bonne nuit de sommeil, avant le jour suivant. »

Il n'est pas courant d'entendre les enfants nous remercier ou exprimer leur gratitude pour tous les sacrifices auxquels nous consentons. Je suppose que les auteurs de ces rédactions n'ont pas changé d'attitude à la maison : ils doivent toujours assaillir leurs pauvres parents de demandes, bouder, contester leurs décisions et tenter d'échapper aux corvées. Mais ne soyons pas dupes, ces petits bourreaux que nous aimons tant savent pertinemment que nous nous épuisons à la tâche et se rendent compte que notre rôle est bien difficile. C'est leur façon à eux de nous dire qu'ils nous aiment.

Chapitre 9

LA VIE EST BELLE !

« Quelques conseils aux mères :
1. Soyez optimiste.
2. Attendez-vous au pire.
3. Dans tous les cas, aimez-les. »

Bruce Lansky

Carole arrive un matin éreintée, les traits tirés : « C'est pas la joie ! », annonce-t-elle en guise de salutation. On s'en serait aperçu à moins… Depuis une semaine, elle fronce les sourcils, pince les lèvres et son visage est figé dans une expression d'exaspération mêlée d'inquiétude.

« En effet, ça n'a pas l'air d'aller fort !

— Donnez-moi le coup de grâce, que j'en finisse une bonne fois pour toutes ! »

Il n'y a pas même une pointe d'humour dans sa voix. Elle nous raconte la redoutable épopée d'une mère de trois enfants en bas âge, dont deux jumeaux : « Les petits me serinent toute la journée avec leurs "J'veux pas !" et leurs "C'est à moi" et, du coup, la grande de cinq ans se croit tout permis et se bute dès que je lui demande quelque chose. Serait-ce trop demander qu'on m'obéisse dans cette maison, au moins une fois ? Je ne demande pas la lune, pourtant : je voudrais juste qu'ils enfilent leurs chaussures, qu'ils goûtent ce que je mets dans leur assiette, qu'ils aillent se coucher sans se relever dix fois ! »

Les exigences de Carole n'ont en effet rien d'extraordinaire, et tout le monde, dans la salle, compatit. Pourquoi donc les parents n'auraient-ils pas droit à un répit, une fois de temps en temps ? Ce jour-là, une humeur morose flotte dans la pièce. J'abonde dans leur sens : « C'est vrai qu'il y a des jours où l'on préférerait travailler à la mine plutôt qu'être parent ! » Silence glacial... J'ai enfoncé le clou. Dernier recours : les secouer. « Dites donc, vous en faites une tête d'enterrement, ce matin ! En vous voyant arriver, j'ai bien cru qu'il y en avait un qui était resté sur le carreau, ou qui s'était fait hacher les doigts dans le moulin à café. Bon, tout le monde est encore entier ? Eh bien, vous voyez, la vie est belle ! » Ils se dérident enfin.

Il est vrai que les parents que je reçois prennent particulièrement leur métier à cœur – c'est d'ailleurs pour cela qu'ils sont là. Ils veulent donner le meilleur d'eux-mêmes mais se sentent investis d'une telle mission qu'ils finissent souvent par se laisser dépasser face à l'ampleur de la tâche. Et dans ces cas-là, comme le disait Carole, « C'est pas la joie ! » Quel dommage de voir des parents si consciencieux qu'ils en oublient la joie d'avoir des enfants !

Frédéric, jeune père doux et attentif, ne s'est jamais habitué à voir ses deux fils se battre avec un tel acharnement et une telle violence : « Moi qui aurais tant aimé avoir un frère, je rêvais de les voir complices et proches, et voilà qu'ils s'étripent à longueur de temps !

— Comment réagissez-vous lorsqu'ils se battent ?

— Je me tue à leur expliquer que ce n'est pas avec des coups qu'on résout quoi que ce soit. Et avec des exemples bien concrets, pour qu'ils comprennent mieux. Tenez, la dernière fois par exemple, ils se chamaillaient pour tracer une ligne de démarcation au milieu de leur chambre. Mais bien sûr, ils n'étaient pas d'accord sur l'emplacement exact du milieu. Ils voulaient monter un mur de cartons pour ne plus se voir, mais aucun ne voulait perdre un millimètre de son territoire. J'ai essayé de leur expliquer ce qui pouvait arriver quand on dressait des murs pour séparer les gens. Et je leur ai parlé du mur de Berlin…

— Quoi ? s'esclaffe Brigitte. Le mur de Berlin ? Vous rigolez, ou quoi ?

— Je ne vois pas ce qu'il y a de drôle…

— Excusez-moi, mais c'est plus fort que moi, poursuit-elle, hilare. A mon avis, vous auriez été mieux inspiré d'aller chercher un mètre ruban pour les départager. »

Certains parents prennent leur rôle tellement au sérieux qu'au moindre incident, ils se sentent obligés de se lancer dans de grands discours philosophiques. C'est oublier que nous avons bien d'autres cordes à notre arc pour instiller quelque sagesse à nos chères têtes blondes. A commencer par ne *rien* faire. C'est ce que je m'escrime à leur faire comprendre : « A quoi bon vous obstiner à intervenir ? Contentez-vous d'être là, point. Cessez de vous creuser la tête, de déployer des trésors d'ingéniosité pour résoudre tout et n'importe quoi. Croyez-moi, il y a des moments où la meilleure réponse est la plus simple. »

Pourquoi envisager le pire ?

L'optimisme est sans doute l'apanage des parents rôdés : c'est en général à partir du troisième qu'ils commencent à prendre la vie avec un peu plus de philosophie. Ils mettent enfin un bémol à leurs rêves de perfection – par la force des choses – et s'en trouvent bien plus heureux. En témoigne cette maman comblée :

« Quand je n'en avais qu'un, je m'angoissais pour la moindre peccadille. Avec le deuxième, j'essayais encore d'être la mère modèle, de ne rien laisser passer, et à chaque fois qu'ils se disputaient, je leur faisais la morale, preuves et raisonnements à l'appui. Maintenant que j'en ai quatre, j'ai laissé tomber. Qu'ils se battent tant qu'ils veulent, et qu'ils se débrouillent ! Je n'ai tout simplement plus le temps ni l'énergie d'aller mettre mon grain de sel partout. Et s'ils tiennent vraiment à s'asticoter et à entrer dans la ronde des jurons, je ne leur demande qu'une chose : qu'ils aillent dans une autre pièce, que je ne les entende pas. Et bien sûr, depuis que je ne m'en mêle plus, tout marche comme sur des roulettes. Dire qu'il a fallu que j'attende le quatrième pour comprendre ça ! »

Cette mère à qui je demande comment elle arrive à lever et à habiller ses quatre enfants pour être à l'heure à l'école, répond avec le plus grand sérieux : « Facile. La veille, je les mets au lit tout habillés. » Une autre déclare sans sourciller : « Avec trois enfants, nous avons renoncé à l'accessoire. Tant que le sang et les larmes ne coulent pas à flot, la vie continue ! » Une autre encore intrigue l'assemblée : « Chez nous, quand on dit "à table !", les enfants se précipitent vers la porte d'entrée… » Voyant les regards perplexes se braquer sur elle, elle précise : « Ils vont ouvrir au livreur de pizza. »

Autre thème récurrent : les vêtements. Que vont penser les gens en voyant votre fille affublée de trente-six épluchures aux couleurs plus criardes les unes que les autres ? Alors qu'elle a de si jolies robes que sa grand-mère lui a offertes ! Ce papa, chargé d'habiller ses deux enfants le matin, a baissé les bras face aux excentricités de la plus jeune. Mais pour ne pas passer tout à fait pour un hurluberlu, il a pris soin d'envoyer un petit mot explicatif à la maîtresse : « Les choix vestimentaires d'Alice ne reflètent que l'originalité de sa personnalité, et ses parents ne sauraient être tenus pour responsables. »

Muriel nous ramène à un ton plus sérieux : « Ne nous faisons pas d'illusions : le simple fait d'avoir deux enfants à élever efface toute velléité de perfectionnisme. Seules les questions de vie ou de mort ont de l'importance. Je suis persuadée que plus on a d'enfants, plus on se simplifie la vie, car on n'a ni le temps ni les moyens de ciseler des enfants modèles. »

J'écoutais un autre jour des mères débattre de la nécessité de passer des instants privilégiés avec leurs enfants en bas âge, afin de jeter les bases d'une relation durable et forte. Toutes avouaient qu'il n'y avait rien de bien exaltant à pousser le tracteur dans le couloir, à aménager les maisons de poupées, à construire des vaisseaux spatiaux en Lego ; pourtant, pour rien au monde elles n'auraient sacrifié ces précieux moments d'intimité. Seule une voix discordante s'éleva : « Je suis désolée, mais moi j'ai mis les points sur les *i* tout de suite : j'ai passé l'âge de jouer aux poupées Barbie. » Ce ton catégorique laissa tout le monde pantois. Le choc passé, je vis les visages se détendre. Quelqu'un avait osé dire tout haut ce que les autres n'osaient pas même penser. Certes, nous tenons tous à ces fameux « instants privilégiés », mais soyons honnêtes : il y a des jours où on les expédierait bien volontiers. Qui n'a jamais sauté quelques pages du *Petit chaperon rouge*, fait exprès de perdre aux dames pour en finir au plus vite, ou promis une récompense pour se défiler de ses « obligations ». Or c'est justement là que le bât blesse : ces instants privilégiés finissent par devenir de véritables corvées, et l'on ne prend plus aucun plaisir à partager ces jeux qui, hier encore, nous semblaient si charmants.

Comment voulez-vous profiter de vos enfants si vous y mêlez un sentiment d'astreinte et de sacrifice ? Laissez parler votre spontanéité – et la leur. Une petite promenade improvisée vaut cent fois plus que les heures « perdues » à coller sur l'album des photos de footballeurs, à changer les habits pailletés des Barbies et à relire pour la énième fois *La Belle au bois dormant* en regardant sa montre. On ne programme pas les instants privilégiés, pas plus qu'on ne force le bonheur.

La part du jeu

Dans l'esprit de bien des parents, « élever » des enfants signifie « apprendre » et « dresser ». Nous nous sommes enfermés dans un univers d'adultes, à des années-lumière de la bulle de l'enfance, faite d'insouciance et d'imagination. En attendant, à nous d'assurer l'intendance : les repas, les bains, les devoirs, la lessive, en ayant toujours l'œil sur tout, que le grand n'aille pas ébouillanter le bébé pendant que nous avons le dos tourné !

Les enfants, eux, n'ont qu'une idée en tête : s'amuser, ce qui est rarement compatible avec ce que nous attendons d'eux. Il est beaucoup plus amusant de rêvasser et de traîner que de s'habiller à la va-vite ; beaucoup plus amusant d'observer une araignée dans sa toile que de « traverser là-tout-de-suite-maintenant, pendant que le feu est au rouge » ; de creuser un volcan dans sa purée et de faire dégouliner la sauce jusque sur la nappe ; de repousser le plus possible l'heure fatidique du coucher ; de sauter à pieds joints dans toutes les flaques sur le chemin de l'école ; de souffler dans la paille pour faire des bulles dans le jus d'orange ; de jouer au Monopoly pendant trois heures, et d'enchaîner sur une nouvelle partie. Ils sont inlassables, ils s'amusent comme des petits fous et en redemandent. Nous, nous comptons les minutes, et après notre B. A., vivement que l'on repasse aux choses sérieuses.

« J'aimais beaucoup les enfants tant que je n'en avais pas, confesse une mère. Leur imagination, leur créativité… Tout cela me fascinait. Maintenant, j'ai du mal à me retenir quand ils traînent, je serre les dents et je force un sourire pour répondre à leurs innombrables questions sur le pourquoi du comment. Quand le petit de trois ans me demande pourquoi les abeilles piquent, j'ai envie d'aboyer : "J'en sais rien, enfile tes chaussettes !" Je devrais m'émerveiller, je sais, mais je n'y arrive plus. »

Il est vrai que l'on n'est pas d'humeur à renifler les cheveux tout frais shampouinés de la petite quand le rôti brûle, qu'il y a encore trois machines à faire tourner et quinze messages qui vous attendent sur le répondeur. On ne peut pas même s'offrir le luxe de faire semblant. Il y a un temps pour tout… Reste à le trouver.

Sachons profiter des moments de répit – relatifs – pour alléger un peu notre lot quotidien. Anne-Marie soulève le problème du coucher et propose une théorie fort judicieuse : si les enfants aiment tant traîner le soir, c'est peut-être parce qu'ils ont l'impression de ne pas nous avoir vus de la journée : « Je leur demande de se dépêcher du matin au soir, mais ça ne sert strictement à rien. Jusqu'au jour où je me suis dit que, finalement, un petit quart d'heure de plus, ça n'était pas la fin du monde. Je m'oblige à prendre un peu de recul et à me dire que cela nous fera du bien à tous, et les résultats sont spectaculaires. Bien sûr, je n'arrive pas à le faire tous les soirs, mais c'est un début. »

Cette anecdote vient me renforcer dans mon désaccord profond avec les soi-disant spécialistes qui exhortent les parents à ne jamais déroger aux règles qu'ils se sont fixées. Que l'on se tienne à une discipline d'ensemble, soit. Mais de là à ne s'accorder aucun écart sous prétexte de donner le mauvais exemple, il y a un pas. Cessons de nous imposer une telle rigidité et laissons la fantaisie reprendre ses droits, quand l'envie nous en prend.

LÂCHER PRISE

Rien, dans le métier de parent, ne vient totalement naturellement, et moins encore lorsqu'on s'obstine à prendre les choses trop au sérieux. Tout s'apprend, s'acquiert ou se récupère, même le naturel – celui-là même qu'on s'est évertué à chasser par d'innombrables lectures austères sur les responsabilités, les devoirs, les exigences et autres obligations familiales. Mais comptez les ouvrages de votre bibliothèque qui vous engagent à donner du lest et à lâcher prise… Pas un ? Quel dommage ! Vous y auriez pourtant découvert les vertus du rire, de l'humour et de la joie de vivre sur l'éducation des enfants. Quand le ton est donné, pourtant, les parents ne manquent pas d'imagination pour retrouver l'espiègle qui sommeille en eux – et que leurs enfants n'auraient jamais soupçonné. Essayez ces quelques ficelles, vous serez aussi surpris qu'eux.

Étonnez-les

Christine jongle entre son métier de diététicienne, ses deux garçons en primaire et sa petite fille de quatre ans. Tous les soirs, elle rentre épuisée, mais après avoir payé la baby-sitter et s'être changée, elle prend systématiquement le temps de préparer un repas équilibré à ses enfants. Bien sûr, elle est parfois tentée de les emmener au McDo du coin ou d'enfourner un poisson surgelé au micro-ondes, mais elle a ses principes : « Je serais en dessous de tout si, après avoir passé la journée à recommander à mes patients des cures de riz complet, je faisais manger n'importe quoi à mes enfants ». Mais ceux-ci ne semblent guère apprécier à leur juste valeur les efforts de cette maman exemplaire. Pis, ils font ostensiblement la moue devant leur assiette.

Un soir, Christine revient encore plus éreintée que de coutume. La grippe la guette. Elle s'effondre sur le canapé et lorsque les enfants viennent lui demander ce qu'elle a prévu pour le dîner, elle ne se sent pas la force d'affronter leurs sarcasmes anti-macrobiotiques.

“Du poulet, ça vous va ?

— Beurk.

— Bon, allez vous prendre un paquet de goûters au chocolat et qu'on n'en parle plus.”

Mais à sa grande surprise, ses trois petits gloutons ne se précipitent pas vers le placard de la cuisine. Sa proposition les a cloués sur place. Finalement, le grand risque une objection :

“Mais enfin maman, tu sais très bien que les gâteaux, ça ne fait pas un repas.

— Ah bon ? Dommage, parce que je n'ai pas envie de faire la cuisine ce soir. Vous avez une autre idée ?"

Les enfants ne pipent mot, craignant de rompre le charme. Christine laisse passer un ange, et reprend en soupirant :

« Nous voilà bons pour commander une pizza, si j'ai bien compris. Ça ne vous embête pas, au moins ? Vous auriez préféré un poulet aux brocolis, je sais, mais ce sera pour demain." »

Les enfants abasourdis, finissent par éclater de rire. Et la diététique dans tout ça ? Oubliée pour un soir. Ils se jettent sur la pizza, et le lendemain, avalent leurs choux de Bruxelles sans broncher.

Ne nous y trompons pas. Je ne prétends pas qu'il faille négliger l'alimentation. Il y aura toujours des parents pour vous dire que leurs enfants ont survécu à un monorégime de pain-beurre-chocolat pendant toute une année, mais il ne s'agit pas de cela. Entre lâcher prise et renoncer à tout principe, il y a un juste milieu : la flexibilité. N'hésitez pas à montrer à vos enfants que dans certaines circonstances, on peut toujours transiger. Qu'elle porte sur les repas, la discipline ou toute autre chose, aucune règle au fond n'est si vitale qu'elle ne puisse être transgressée une fois de temps en temps.

Une réaction inattendue des parents déboussole souvent les enfants et les séduit, surtout. Pascal et son frère, aujourd'hui papas à leur tour, se souviendront toute leur vie de l'épisode du « miracle de saint François » :

« Ma mère avait installé au beau milieu du jardin une superbe fontaine, surmontée d'une statue de saint François d'Assise, patron des animaux. Les oiseaux venaient y batifoler et maman était très fière de ce petit bassin. Mais un jour, en jouant au ballon, nous avons shooté un peu trop fort et décapité le saint. La tête vola en mille morceaux ; impossible de la recoller. Nous étions perdus ! Pas question d'avouer notre crime, mais dès qu'elle découvrirait le pot aux roses, maman nous réserverait le même sort. Les jours passèrent, mais nous n'entendîmes pas le moindre commentaire. Ils ne pouvaient pas ne pas avoir remarqué. Au bout d'une semaine, nous étions sur les dents. Qu'attendaient-ils pour nous punir ? Un soir, mon frère finit par craquer. "Et la fontaine ?", demanda-t-il à brûle-pourpoint. Je m'accrochai à ma chaise. Les parents haussèrent les épaules, d'un air indifférent. "Ah oui, je voulais vous dire, les enfants. Faites attention quand vous jouez au ballon. Si la fontaine vous gêne, on la déplacera". L'incident était clos. »

Impressionnant, en effet. Mais Pascal ajouta qu'il lui fallut attendre près de vingt ans pour que sa mère lui donne le fin mot de l'histoire : elle les avait vu casser la statue et avait effectivement eu envie de les égorger. Mais elle avait choisi de les surprendre, et la stratégie avait payé : quelle torture que d'attendre cette punition qui n'arrivait pas ! L'anecdote resta dans les annales de la famille.

Jouez l'absurdité

Jeanne ne supportait plus les hurlements quotidiens de ses enfants qui s'arrachaient la télécommande. Elle avait tout essayé : elle les avait privés de télé, menacés, envoyés dans leur chambre, elle les avait même fait tirer à la courte paille. Rien à faire. Dès qu'elle trouvait une solution, ils s'empressaient de l'oublier. « J'étais à bout. J'en faisais des cauchemars ; je me voyais tirer sur la télé au pistolet à laser et l'envoyer dans la quatrième dimension. Je n'allais tout de même pas supporter ça jusqu'à la fin de mes jours ». Les enfants, eux, restaient totalement insensibles à la détresse de leur mère. Pour eux, ces disputes faisaient désormais partie de la routine et ils y prenaient plaisir.

Jusqu'au soir où les cris des belligérants franchirent le mur du son. C'en était trop. Jeanne se précipita au salon comme une furie, brandissant une bombe de mousse à raser : « Ça suffit ! », cria-t-elle d'une voix perçante. Ses enfants, pétrifiés, la virent éteindre la télé, secouer vigoureusement la bombe et asperger généreusement l'écran de mousse blanche. « Écran blanc pour ce soir ! », aboya-t-elle en tournant les talons.

Totalement pris au dépourvu, ils en restèrent sans voix. Puis, un petit rire timide se mua bientôt en fou-rire irrépressible. Qui eût cru que leur mère fût capable d'une telle loufoquerie ? L'incident était tellement désopilant qu'ils en oublièrent leurs émissions préférées.

Les excentricités marchent à merveille, à condition toutefois de ne pas en abuser. Élisabeth s'est rendu compte que la meilleure façon de se faire entendre de sa fille était de jouer le docteur Foldingue :

« Francine, je t'ai demandé de ranger ta chambre.

— J'ai pas le temps.

— Francine, ne m'oblige pas à le répéter.

— Fiche-moi la paix

— Francine, c'est maintenant ou sinon…

— Ou sinon quoi ?"

A ce moment, je n'ai plus rien trouvé à répondre. Son impertinence m'avait cloué le bec et, visiblement, aucune menace ne l'aurait atteinte. Je dis la première chose qui me passa par la tête : "Sinon je monte avec un bidon de peinture violette et je barbouille tes murs et tous tes vêtements avec". Elle n'en revenait pas. Sur le coup, elle a dû croire que sa mère était devenue folle. Et elle se mit à ranger sa chambre en pouffant, toute fière d'avoir la maman la plus toquée du quartier. »

Les enfants adorent voir les adultes faire les imbéciles. Soudain, ils se sentent plus proches d'eux et sont prêts à tout pour leur faire plaisir. L'humour apporte une petite note d'insouciance bienvenue, détend l'atmosphère et montre surtout le côté dérisoire de nos combats quotidiens.

Laissez votre susceptibilité au placard

« De toutes façons, c'est toujours non avec toi ! ». Chantal, lassée de la rengaine de son fils, décida d'encaisser les coups sans broncher et surtout sans se vexer : « Benjamin n'a pas la langue dans sa poche et il sait taper là où ça fait mal. Ce n'est pas toujours facile à gérer. Je sais bien que ce ne sont que des mots d'enfant, mais ils peuvent parfois être très blessants. Pourtant, j'ai décidé d'adopter une autre approche.

"T'es pas une bonne mère.

— Allons bon. Et si tu pouvais me renvoyer à l'usine des mamans, qu'est-ce que tu leur demanderais de réparer ?

— Je leur dirais de te programmer pour que tu dises toujours oui quand je te demande quelque chose.

— Eh bien, tu peux commencer à économiser, car c'est une opération qui risque de te revenir cher ! »

Benjamin a trouvé cela très drôle, et dès que je lui refuse quelque chose, il me rappelle qu'il économise. En fait, il a suffi d'un brin d'humour pour neutraliser les attaques, au lieu de tomber dans le piège de la culpabilité. »

Sans refuser d'entendre les reproches de son fils, Chantal est entrée dans le jeu et a poussé l'absurde à l'extrême. Elle s'est ainsi gagné la confiance de son fils et la complicité a pris le pas sur les antagonismes.

Évelyne est particulièrement fière de la relation de connivence qu'elle a su établir avec son fils : « Mes parents étaient prompts à juger et je n'osais jamais rien leur dire. Avec Clément, j'ai toujours veillé à éviter les phrases à l'emporte-pièce et il n'a jamais eu peur de me confier ses secrets. Nous nous entendions à merveille jusqu'au jour où je l'ai vu changer du tout au tout : c'était l'âge bête qui commençait. Il me toisait plus qu'il ne me regardait. Je ne pouvais rien dire sans qu'il lève les yeux au ciel et il se fichait ouvertement de moi. Mais qu'avais-je bien pu lui faire pour mériter un tel mépris ? Ne sachant plus à quel saint me vouer, j'appelai ma mère, qui ne tarissait jamais d'éloges sur son petit-fils. Elle eut tôt fait de me rassurer, me rappelant qu'à l'âge de Clément, je marchais cent mètres derrière elle pour ne pas qu'on sache que c'était ma mère. Il n'en fallut pas plus pour que je comprenne que mon fils n'avait rien contre moi en particulier. Ça lui passerait comme ça lui était venu. »

Prenez le parti d'en rire

Béatrice nous raconte avec délectation un repas de famille mémorable : « Pour le repas du soir, mon mari et moi nous installons en bout de table, les quatre grands sur les côtés et je prends le bébé à côté de moi. Ce jour-là, j'avais préparé des petits pois. Les enfants n'en raffolent pas, mais on leur demande de toujours manger au moins un peu de légumes. Je remplis les assiettes, sans faire cas des grimaces. Étrangement, aucun ne fit le moindre commentaire. C'était un des repas les plus calmes que nous ayons connu. Et, ô surprise, les assiettes se vidaient et personne ne maugréait. Soudain, le bébé poussa un hurlement. Dans son assiette, je vis une montagne de petits pois : les gamins avaient discrètement fait circuler leur ration vers le bout de la table, en espérant que nous n'y verrions que du feu. Mais la ficelle était un peu grosse. Comment allions-nous réagir ? A leur grand étonnement, mon mari et moi partîmes d'un grand éclat de rire. C'était du plus haut comique. J'ai fini par jeter tous les petits pois à la poubelle, mais l'anecdote, elle, est restée. »

Chaque famille a ses petits épisodes qui, sur le coup, déroutent tout le monde, puis finissent par rentrer dans l'histoire. Ce sont eux qui nous laissent les meilleurs souvenirs d'enfance et forgent un patrimoine commun à tous les frères et sœurs. Imaginons un instant qu'au lieu de prendre le parti d'en rire, les parents aient décidé de forcer tout le monde à finir son assiette : que resterait-il de l'incident sinon des rancœurs ?

Certes, sur le moment, les bris de verre, les traînées de confiture sur le papier peint et les pépites de chocolat écrasées sur le tapis ne soulèvent pas forcément l'hilarité générale. Mais reconnaissons qu'une pointe d'humour n'a jamais fait de mal à personne. C'est d'ailleurs une qualité que nous aimerions développer chez nos enfants. Quand une situation est vraiment drôle, passez l'éponge et profitez de l'occasion pour les retrouver sur un autre terrain que l'austérité et la sévérité.

Ne vous justifiez pas à tout moment

Tout le monde a le droit à l'erreur, même un parent. Quand vous aurez admis ce principe, vous commencerez à prendre les choses avec un peu plus de simplicité. A quoi bon se ronger les sangs sous prétexte que l'on s'est trompé, que l'on s'est laissé emporter, que l'on a été injuste, que sais-je encore… Cessez de vous accuser de tous les maux et dites-vous bien que si vous étiez vraiment un père ou une mère indigne, vous n'y penseriez déjà plus – et vous ne seriez certainement pas en train de lire ces lignes.

Soyons réalistes. Aucun être humain normalement constitué ne peut donner le meilleur de lui-même quand il passe des nuits blanches et est débordé de travail. Si vous vous reconnaissez dans ce portrait et que malgré tout, la maison tient encore debout, vous pouvez être fier de vous. Mais on ne peut pas vivre en permanence sur la corde raide. Accordez-vous quelques minutes de réflexion et commencez par penser à vous. Car à vouloir toujours passer après vos enfants, vous ne rendez finalement service à personne. Je vous l'accorde, on a moins mauvaise conscience à gâter ses enfants qu'à se bichonner. Mais il faut en passer par là aussi.

Je me souviens de certaines vacances, à l'époque où Éric et Todd étaient encore petits. Todd traversait sa période de rébellion. Nous avions réservé une chambre pour nous et une autre pour les enfants. A peine étions-nous arrivés que Todd fit le tour du propriétaire et lança d'un ton de défi : « Pourquoi c'est encore vous qui avez la plus belle chambre ? » Je n'avais aucune envie de polémiquer et, péremptoire, je répliquai : « Parce que les adultes, c'est nous et c'est nous qui payons ». J'étais peut-être allée un peu loin, mais la réflexion ne le choqua pas outre mesure : « Ah bon, d'accord », fit-il en tournant les talons.

En temps normal, je me serais lancée dans de grands discours, autant pour le convaincre que pour me convaincre : nous étions plus grands, eux n'auraient pas apprécié cette belle vue, ils n'avaient pas besoin d'autant d'espace et d'ailleurs ils devaient s'estimer heureux de tout ce que nous faisions pour eux… Au lieu de cela, j'envoyai toutes les belles phrases aux oubliettes et laissai parler mes instincts les plus égoïstes. Le tour était joué.

Nous avons, hélas, tendance à oublier que nous aussi, nous existons. Nous avons nos besoins, nos désirs, nos envies. Dominique, parfaite illustration de la *mater dolorosa*, poussait le sacrifice à l'extrême. Nous n'avions de cesse de l'encourager à penser à elle et à se faire plaisir. L'occasion lui fut enfin donnée :

« C'était une de ces journées où tout va mal : le petit de quatre ans était tombé sur un nid de guêpes et s'était fait piquer trois fois ; le plombier, venu réparer les toilettes, était parti chercher une pièce et n'avait plus reparu ; elle avait reçu un coup de fil de la maîtresse qui lui rappelait qu'elle était de corvée pour la sortie du lendemain. Ce soir-là, elle ne trouva pas la force de lire leur histoire aux enfants et de passer les trois quarts d'heure quotidiens avec eux. Elle les envoya au lit dans un concert de larmes et de reproches et fila sous la couette, fourbue et pétrie de remords.

Au réveil, elle était fraîche et pimpante, mais s'en voulait encore d'avoir refusé aux enfants leurs câlins du soir. Elle cherchait les mots pour leur présenter ses excuses, mais soudain elle se rendit compte qu'elle n'avait absolument aucune raison de le faire. Quand on est fatigué, ce sont des choses qui arrivent. Elle avait eu une journée harassante. Les enfants n'avaient pas eu leur histoire ? Et alors ? Ils n'en étaient pas morts. Après tout, elle n'avait pas à se justifier. C'était au contraire une occasion en or de leur montrer qu'elle aussi avait besoin de se reposer et qu'elle ne serait pas toujours à leur disposition. Lorsqu'ils la rejoignirent à la cuisine, elle leur tendit la perche :

« “Oh, notre petite séance du soir m'a manquée hier.

— Eh ben, pourquoi on l'a pas eue alors ?

— Ouais, moi je voulais qu'on parle de mes piqûres.

— J'étais tellement fatiguée que j'aurais été bien incapable de parler, de lire et même de vous écouter. Tout ce que je voulais, c'était dormir. Vous savez ce que c'est…

— Tu aurais quand même pu nous lire l'histoire.

— Hum, je ne sais pas. En tout cas, je ne regrette rien. J'étais tellement bien sous ma couette. Ce n'est pas souvent que j'ai l'occasion de me coucher tôt. D'ailleurs, j'ai apprécié que vous ne veniez pas me réveiller. Ce matin, je suis en pleine forme."

Sur le coup, cela ne leur a fait ni chaud ni froid, mais je m'y attendais. Je conçois qu'ils aient encore du mal à admettre que mes besoins soient aussi importants que les leurs. D'autant que je ne les ai pas du tout habitués à cela. Mais je crois que l'idée fera son chemin. »

Un p'tit coin de fantaisie – contre un coin de paradis

Quand je repense à l'époque où j'élevais mes enfants, je regrette un peu de n'avoir pas su mettre davantage de fantaisie dans notre vie. Je voulais si bien faire que j'étais en permanence sur la brèche. J'étais responsable de leur présent et de leur avenir, leur vie était entre mes mains et mes devoirs de mère pesaient sur mes épaules comme la misère sur le monde. Si j'avais été moins inquiète, j'aurais pu partager leurs émerveillements, leurs drôleries, leur spontanéité, et les épater moi aussi.

Où sommes-nous allés pêcher cette idée qu'un bon père ou une bonne mère doit être aussi austère, digne et sérieux ? Voilà bien des adjectifs qui sont aux antipodes des préoccupations des enfants. Eux sont désinvoltes, drôles, voire burlesques. Or, à nous laisser enfermer dans le quotidien, c'est ce bonheur que nous laissons filer, et pour ne rien arranger, nous leur gâchons aussi leur plaisir. Nous voulons à tout prix les préparer à la vie d'adultes en leur inculquant mille et une leçons – qui laisseront leur empreinte ou non.

Fabienne ne garde pas un bon souvenir des repas familiaux de son enfance. Son père transformait les dîners en véritables interrogations orales. Entre deux bouchées, les six enfants répondaient tour à tour. « Chaque soir, nous étudiions un thème différent. Un coup, c'était les océans, puis les capitales, l'histoire ou la faune. Il n'était jamais à court d'idées. Je n'ai jamais su pourquoi il tenait tant à ces séances, j'aurais peut-être dû lui demander. D'après moi, il attachait une importance fondamentale à la culture générale. Lui-même n'avait que le certificat d'études et il n'a jamais eu que des emplois secondaires. Il voulait que nous réussissions, mais nous avions l'impression d'être en permanence sur la sellette, évalués, jugés. Je rêvais d'un bon repas en famille, à parler de choses et d'autres, à rire ensemble et à manger sans avoir cette boule à l'estomac. Bien sûr, je connais toutes les capitales du monde, mais ne me demandez plus d'apprendre quoi que ce soit par cœur. J'y suis devenue totalement réfractaire. Et de plus, je regrette qu'il n'ait pas pris le temps de profiter de nous et d'apprendre à nous connaître. »

L'humour et la légèreté peuvent effacer toutes les fatigues accumulées et nous rappeler que, sous notre cuirasse de parents, nous avons aussi besoin de nous amuser et de rire un peu. La vie est belle, plus belle encore quand nous avons des enfants. Sachons en profiter. Le gros problème des parents, c'est qu'ils veulent absolument montrer le droit chemin. A la moindre embardée, ils sont déroutés, se précipitent, tancent les contrevenants et poussent un soupir de soulagement une fois l'ordre rétabli. En fait, leur rêve serait de ne jamais avoir à intervenir. Mais à bien y réfléchir, ne serait-ce pas un cauchemar ?

Claudine s'arrachait les cheveux à régenter ses trois garnements, jusqu'au jour où, à la faveur d'une promenade dans un parc d'attractions, elle eut une révélation : « Enfant, je détestais les manèges. Je m'ennuyais à tourner en rond alors que les émotions fortes des montagnes russes me ravissaient. Tout d'un coup, j'ai fait le rapprochement. En tant que mère, j'avais le choix entre le manège et les montagnes russes ; la routine ou la fantaisie. C'est ce qu'il y a de merveilleux avec les enfants : ils vous font sauter au plafond et deux minutes plus tard vous éclatez de rire ! »

Chapitre 10

LE SEL DE LA VIE

« Si on leur creuse un puits,
Ils tomberont dedans ;
Si on leur construit un escalier,
Ils grimperont. »

Un papa.

Sandra m'appelle tout émue pour me raconter la dernière de ses enfants. Elle vient d'assister à un spectacle qu'elle n'oubliera jamais. Ce matin-là, elle prenait tranquillement son café à la cuisine, tandis que Brice, trois ans et Aude, six ans, jouaient dans le jardin, profitant des premiers rayons du jour. Elle les regardait distraitement par la fenêtre : « Ils ne jouaient pas vraiment ensemble. Aude est plutôt distante envers son frère, qui a plutôt l'air de l'ennuyer qu'autre chose. Il faut dire que c'est un vrai petit déménageur : là où il passe, l'herbe ne repousse pas ! La grande, elle, est plutôt réfléchie, douce et soigneuse. Elle a ses petits coins à elle dans le jardin, et il n'est pas question que Brice vienne saccager sa collection de coquillages, ses semis ou ses trémies à oiseaux.

C'est au milieu de la nature qu'elle se sent bien, alors que lui aurait plutôt tendance à écraser les fourmis, chasser les oiseaux avec son pistolet à eau. Bref, c'est le jour et la nuit. Depuis mon observatoire, je guettais le moment où leurs deux mondes s'affronteraient, redoutant l'inévitable collision.

Ils étaient déjà ensemble depuis une vingtaine de minutes, mais il ne se passait toujours rien. Un record, pour eux. Enfin, la voix d'Aude me parvint. Contre toute attente, ce n'était pas le cri perçant habituel, mais un murmure doux et empreint de patience. C'était un ton… comment dire ?… affectueux, un ton de grande sœur. N'y tenant plus, je suis allée les épier : Brice était assis dans l'herbe, béat. Aude était penchée sur lui, le nez sur sa joue. J'ai mis un moment à comprendre ce qu'ils fabriquaient : elle lui faisait des "bisous de papillon". Je lui avais appris à me chatouiller en battant des cils quand elle était petite, et voilà qu'à son tour, elle montrait la technique à son frère. J'étais subjuguée par cette scène idyllique, incapable de bouger, craignant de rompre le charme. Mon brise-fer et ma poupée s'échangeant des baisers de papillon ! Incroyable ! »

Tous les parents vous le diront, à commencer par moi : il suffit parfois d'une petite démonstration éphémère d'amour fraternel pour gommer comme par magie les exaspérations accumulées au fil des bagarres et chamailleries. Ces instants sont certainement trop rares, mais ils nous sont chers et laissent dans notre cœur une trace indélébile. Bien des années plus tard, ils nous reviennent à l'esprit, et avec eux, cette sensation de joie mêlée de fierté. Si d'aventure vous en êtes à vous demander ce qui vous a pris de faire tant d'enfants, ouvrez l'œil et regardez-les vivre : vous verrez combien ils s'aiment, au fond.

Ne nous laissons pas submerger par le quotidien et ses tâches ingrates au point de laisser filer ces éclairs de bonheur. Malheureusement, les mauvaises habitudes ne se prennent que trop facilement : demandez donc à des parents avec quoi, selon eux, rime « frères et sœurs ». Ils vous répondront immanquablement : jalousies, querelles, conflits, rivalités. A l'époque où je courais derrière mes deux garnements, je n'aurais certainement pas eu de meilleure réponse. Il est vrai que quand on est pris dans le tourbillon, les premiers qualificatifs qui nous viennent à l'esprit ne sont pas forcément « tendres », « affectueux », « solidaires », « complices » et « rieurs ». Et pourtant…

Delphine saisit un moment exceptionnel de complicité qui est venu illuminer une journée comme tant d'autres : « J'accompagnais les enfants à l'école, mais ce matin-là, il n'y avait plus assez de places assises dans le bus. J'étais restée à l'avant, et ils s'étaient installés à l'arrière. Je les vis déballer un magazine sur la vie des animaux et, blottis l'un contre l'autre, s'émerveiller ensemble sur les photos de baleines, de pingouins et de requins. On aurait dit un vieux couple assis sur sa banquette, partageant tendrement leur lecture et commentant toutes les images. Tous les passagers observaient d'un œil attendri cet adorable duo plongé dans son petit monde, deux bambins que l'on aurait cru inséparables. J'étais sans doute la plus émue et j'avais hâte de retrouver mon mari pour lui raconter cet épisode inoubliable, certaine qu'il serait surpris de ne pas m'entendre lui débiter le catalogue des disputes de la journée. »

Marie-Claire a décidé d'envoyer ses enfants chez les grands-parents, à l'autre bout de la France. C'est la première fois qu'ils prennent le T.G.V. tout seuls et elle n'est pas entièrement rassurée : « J'étais fatiguée, les enfants sautaient dans tous les sens et il nous a fallu des heures pour arriver à la gare tant il y avait de circulation. Lorsque enfin nous fûmes sur le quai, je vis les yeux de Jonathan s'emplir de larmes. Du coup, je me mis également à renifler, et bientôt, nous étions là, tous les deux, à pleurer à chaudes larmes. Séverine observait la scène et, dans un trait de génie, prit son frère par la main et s'écria d'un ton enjoué : "C'est super, Jo, on va prendre le train tout seuls ! On va bien s'amuser !" Sa frimousse s'illumina et, séchant ses larmes, prononça d'une petite voix fluette : "Oui, ça va être chouette..." Je ne me serais jamais doutée qu'elle sache si bien s'y prendre avec son frère. J'étais fière d'elle. Dès qu'ils furent dans le compartiment, Jonathan avait retrouvé son sourire. Ils étaient radieux, et il n'y avait plus que moi qui pleurais. »

PEAUX DE VACHES ET JOLIS CŒURS

A une maman qui, comme tant d'autres, déplore l'état de siège permanent qui règne entre ses enfants, je propose un petit exercice : « Prenez un carnet et, pendant une semaine, faites une petite croix à chaque fois qu'ils passent un moment ensemble *sans* se disputer. ».

Elle accepte, persuadée de rendre feuille blanche. Or, le mardi suivant, elle me présente un carnet noirci !

« Eh bien, vous voyez qu'ils ne sont pas *toujours* à se battre, comme vous aimez tant à le dire !

— Je reconnais qu'en fait ils ne se chamaillent pas tant que ça, au contraire, et j'aime autant, pour tout vous dire. Ils regardent tranquillement la télé et jouent sagement, la plupart du temps. Mais c'est vrai que je les remarque davantage dès qu'ils se mettent à pleurnicher et viennent me demander de faire la loi. Moi qui avais pensé avoir mis au monde deux frères ennemis, j'avoue que cette expérience m'a ôté un gros poids de la conscience. »

Ce témoignage délie les langues et chacun y va de sa petite histoire, renchérissant sur les miracles de l'amour fraternel. Tous se sont un jour ou l'autre laissés surprendre par des gestes affectueux, protecteurs ou complices.

Suzanne désespère de voir un jour son fils de douze ans avoir un mot tendre ou une attention gentille pour sa petite sœur. « Barbara adore Gilles, et pourtant Dieu sait qu'il prend un malin plaisir à la taquiner et à se moquer d'elle. Il m'avait même déclaré un jour sans ambages que les trois plus belles années de sa vie furent celles qui avaient précédé la naissance de sa sœur. J'étais estomaquée ! J'en suis même arrivée à me demander si j'avais bien fait d'avoir un deuxième enfant. Mais l'autre jour, je les regardais partir à l'école tous les deux. Avais-je la berlue ? Gilles avait pris la main de Barbara pour la faire traverser ! Vous auriez vu cette douceur… Il avait fait ça tout naturellement, comme il se garderait bien de le faire devant moi, le chameau. Il y avait une telle intimité entre eux que soudain, j'ai compris que dès qu'ils sont tout seuls, Gilles s'empresse de prendre sa sœur sous son aile. »

Paulette enchaîne : « C'est vrai, par moments, ils sont tellement mignons, on les croquerait ! L'autre soir nous nous sommes retrouvés tous les quatre à jouer sur le lit. On faisait les imbéciles, on se chatouillait dans de grands éclats de rire. C'était tout simplement merveilleux. Ces gosses m'étonneront toujours : ils sont capables de se sauter à la gorge comme des barbares, et en un clin d'œil, les voilà réconciliés et devenus les meilleurs amis du monde. »

Au fil des ans, j'ai pu constater que tous les parents qui ont participé à mes séminaires ou répondu à mes questionnaires tombent d'accord sur un point : jamais ils n'ont regretté d'avoir eu plusieurs enfants. Bien sûr, pour les jeunes parents, entre le stress, la fatigue et le manque de confiance en soi, la vie de famille ne semble pas rose tous les jours. Or, ces pressions sont largement compensées par les joies d'une famille nombreuse. « Tant qu'on n'en a qu'un, concède une maman, on est à l'abri des hurlements, des bisbilles, des larmes et des jalousies. Mais dès qu'ils sont deux, on les entend pouffer, se raconter des secrets, on les voit se tenir les coudes, mijoter leurs mauvais coups… »

Avec un peu de recul, on s'aperçoit qu'élever des enfants c'est être dans la vie, dans tout ce qu'elle a de contradictoire, de diversifié, d'inattendu. Nous traversons tous des hauts et des bas dans notre vie professionnelle et sociale, nous avons tous des sautes d'humeur, des baisses de moral et, tout d'un coup, une grande bouffée d'air pur vient relancer la machine. C'est exactement ce qui se passe avec les enfants. Ils vous font enrager, désespérer, mais à la première satisfaction, oubliées, les rancœurs, l'épuisement, les crises de nerfs !

Cécile était convaincue que jamais ses deux fils n'échapperaient aux redoutables rivalités qui les opposaient jour après jour. Quelle ne fut pas sa surprise lorsque son aîné lui demanda : « Dis maman, quand on est nés, Thierry et moi, on se donnait la main ? » Il lui fallut un moment pour réagir et lui expliquer qu'il était arrivé trois ans avant son frère. « Tu te souviens, tout de même ? Quand tu étais petit, Thierry n'était pas là. » Mais non, il ne se souvenait plus. En fait, dans son esprit, la vie n'avait commencé qu'à la naissance de son petit frère. Ils étaient deux, et ils avaient toujours été deux.

Les parents s'accordent également à penser que malgré les difficultés qu'elle peut poser, la famille nombreuse est un microcosme au sein duquel les enfants apprennent à vivre en société. Avec des frères et sœurs, ils n'ont d'autre choix que de partager, tenir compte des besoins d'autrui, trouver un terrain d'entente et reconnaître leurs torts. Contrairement aux enfants uniques, ils ne sont plus au centre d'un petit univers fermé et tout entier voué à leur personne. C'est d'ailleurs généralement la définition même de la famille que l'on retrouve ici, et c'est ce qui a poussé la plupart des parents à faire le deuxième – et sur la lancée, les suivants !

Les conflits ont du bon, en ce sens qu'ils sont parfois révélateurs des sentiments profonds que les enfants peuvent éprouver entre eux. Une maman radieuse nous a montré la lettre que sa fille de dix-huit ans a adressée à sa petite sœur de cinq ans sa cadette, après une violente altercation :

« Ma chère Clémence,

Je suis désolée de t'avoir dit tant de méchancetés hier soir. Tu sais, quand je suis en colère, c'est plus fort que moi, mais je ne pense pas un mot de ce que je t'ai dit.

Je sais que tu travailles beaucoup. Je n'avais pas le droit de prétendre le contraire. Et je sais aussi qu'il n'y a rien de pire que de se faire piquer ses affaires. Hier, c'était l'ordinateur. Il est à toi et tu as raison de le répéter. Moi, ça m'énerve parce que j'aimerais bien pouvoir l'utiliser aussi.

Quand tu es de mauvaise humeur, j'ai parfois l'impression que tu me rejettes et que tu m'ignores, au lieu de venir me dire ce qui te chagrine et partager tes secrets. D'un côté, ça me vexe ; d'un autre côté, je comprends que tu veuilles te débrouiller toute seule.

Sache que si tu as besoin de moi ou que tu as envie de pleurer sur une épaule, je serai toujours là pour toi. Je t'aime très fort.

Mylène »

J'ai toujours été impressionnée par les ressources infinies des parents. Eux-mêmes étaient probablement à mille lieues de se douter qu'ils étaient capables de gérer pratiquement n'importe quelle situation, aussi épineuse soit-elle. Mais ce qui les émerveille le plus, c'est leur faculté d'adaptation et les réserves d'amour qu'ils se découvrent à mesure que la famille s'agrandit :

« A l'époque où je n'avais qu'un enfant, je n'aurais jamais pensé pouvoir en aimer un autre, nous confiait Pauline. Pour moi, Martin était le nombril du monde. Puis quand Hélène est arrivée, je me suis rendu compte que mon cœur était assez grand pour lui faire une place. Je suis ravie de les avoir tous les deux, car à l'époque où Martin était enfant unique, nous étions tellement l'un sur l'autre que c'en était trop – pour lui comme pour moi. Je trouve que notre relation est plus saine, plus équilibrée maintenant. »

FRÈRES ET SŒURS À LA VIE À LA MORT

Nous serions bien en peine de savoir ce que nous réserve l'avenir, mais il est des jours où la boule de cristal semble bien nébuleuse. Nous nous rongeons les sangs à nous demander si tout compte fait il fallait vraiment « offrir » des frères et sœurs à l'aîné. Après avoir grandi ensemble, dans un climat souvent orageux, quelles relations d'adultes les attendent ? Et si toutes ces petites rancœurs de l'enfance ne disparaissaient jamais ?

Et si l'hostilité l'emportait sur la solidarité ? Et si les réunions de famille se transformaient en batailles rangées ?

Autant d'interrogations qui font sourire Évelyne, mère de quatre enfants et déjà grand-mère. Pour tous les parents en herbe participant à mes ateliers, cette jeune mamie en quête de nouvelles ficelles est un modèle d'optimisme : « En grandissant, mes enfants n'ont cessé de se rapprocher, et je me félicite tous les jours de cette réussite. Si vous m'aviez dit cela il y a encore dix ans, je vous aurais ri au nez. Aujourd'hui, je suis tellement heureuse de les voir si unis. » Elle nous raconte ce que les garçons ont préparé à leur sœur Camille pour son vingt-troisième anniversaire : « Il faut tout d'abord vous dire que pour ses cinq ans, nous lui avions offert une poupée de chiffon, arborant un gros cœur sur lequel était inscrit "Je t'aime". Elle ne la quittait plus, dormait avec elle, lui racontait des histoires. Mais ses frères, qui avaient alors neuf et sept ans, la charriaient en permanence : ils trouvaient ce "Je t'aime" particulièrement ringard. Et un beau jour, je vis ma Camille arriver en sanglotant, sa poupée à la main. Des vandales l'avaient horriblement mutilée au feutre rouge, remplaçant le "Je t'aime" par un "Je te déteste". Le forfait était signé ; d'ailleurs, les garçons ne s'en cachèrent pas. J'étais scandalisée. Comment pouvaient-ils prendre un tel plaisir à torturer leur sœur ? La petite ne voulut plus entendre parler de sa poupée et ne pardonna jamais à ses frères. Et voilà que pour ses vingt-trois ans, ils ont débarqué avec un énorme carton : c'était la réplique de la fameuse poupée, mais cinq fois plus grande. Sur le cœur, un petit mot était épinglé : "Pardon pour la poupée. Mieux vaut tard que jamais". La scène était aussi drôle qu'émouvante. Comme quoi, vous voyez, tout finit par s'arranger ».

Quelle plus belle récompense, en effet, pour une mère que de voir les ennemis d'hier se serrer les coudes en toutes circonstances et partager les peines, plaisirs et émotions de leurs vies d'adultes ? Mes deux fils, qui ont passé leur enfance à se sauter à la gorge, se sautent aujourd'hui au cou dès qu'ils se retrouvent. C'est tout juste s'ils prennent le temps de nous embrasser avant d'aller s'enfermer pour se raconter leurs histoires, leurs blagues et échanger – du moins je le suppose – leurs commentaires sur leurs chers parents ou, comme ils le disent si bien, « les vieux ».

Pour préparer ce livre, j'ai interrogé des centaines de parents sur leurs souvenirs d'enfance. Je voulais savoir si les conflits entre frères et sœurs avaient laissé une quelconque trace dans leurs vies d'adultes. La question n'était pas si simple qu'il y paraissait. Aucun ne put me répondre par oui ou par non. Certes, les relations fraternelles évoluent, mais les tensions n'en demeurent pas moins. Les caractères s'affrontent encore, les vieilles histoires de favoritisme restent en toile de fond.

Voilà qui n'est guère encourageant, me direz-vous ! Mais les liens du sang parlent plus fort que les incompatibilités les plus durables. Rien ni personne ne pourra jamais remplacer vos frères et sœurs. Ce ne seront pas forcément vos meilleurs amis, mais le lien qui vous unit est plus solide que celui de l'amitié. Ils tiennent une place totalement à part dans votre vie et votre vécu. Quelles que soient les relations que vous entreteniez avec eux, vous ne pouvez pas les renier. Ils sont là, c'est votre famille et elle est unique.

J'ai eu le triste privilège d'en prendre pleinement conscience voici quatre ans lorsque mon frère Tom fut emporté par un cancer. La mort faucha à la fleur de l'âge ce garçon qui attendait tout de la vie. Pendant sa maladie et après sa disparition, je pensais souvent à ce qu'avait été notre vie commune. Enfants, nous étions comme chien et chat : j'adorais le provoquer et il me tombait dessus à chaque occasion. Adultes, nous n'avions pas énormément de points communs et vivions à six mille kilomètres l'un de l'autre. Pourtant, nous nous connaissions mieux que quiconque et partagions des tonnes de souvenirs. Je me suis rendu compte qu'en le perdant, c'est une partie de moi-même que j'avais perdue. Il était le seul témoin de nombreux événements de ma vie, le seul avec qui un simple mot, évoquant un souvenir lointain, pouvait déclencher des crises de fou rire. Plus jamais je ne pourrai le taquiner sur le jour où il rentra à la maison dans un tel état d'ébriété qu'il en avala une cuisse de poulet cru sans même s'en rendre compte. Qui d'autre rira encore de ces histoires idiotes ? Sa mort me laissa un goût amer. Quelle injustice de voir partir un homme qui avait tant de joie de vivre, tant d'amis fidèles ! Sa maladie nous avait pourtant permis de voir notre relation sous un autre angle. Au cours des cinq derniers mois, nous avons passé plus de temps ensemble que jamais. Je supportais mal de le voir s'affaiblir et s'émacier de jour en jour, mais chaque visite renforçait mon admiration et mon respect. Il se plaignait rarement et dégageait une sérénité et une douceur que je ne lui avais jamais connues. J'ai gardé de mon frère l'image, non plus de l'espiègle de jadis, mais de l'homme qui affronta la mort dans la dignité.

Ellen, ma demi-sœur, a dix ans de moins que moi. Nous avons beaucoup de points communs et nous sommes surtout toutes les deux très famille. Nous ne sommes, bien entendu, pas toujours d'accord sur tout, et nous nous sommes affrontées plus d'une fois sur des questions qui, à ce jour, continuent de nous séparer. Ces dissensions nous obligent parfois à faire des efforts, mais ne retirent rien à la richesse de notre relation. Il est des plaisirs que je ne peux partager qu'avec elle : un clin d'œil ou un sourire entendu, et c'est tout un chapitre de notre histoire qui nous revient en mémoire. Que l'une d'entre nous prononce le nom de « Fifi » et nous retrouvons cette envie de tordre le cou au caniche bien-aimé de maman, investi de toutes les qualités qui nous faisaient si cruellement défaut. Ellen s'est remariée il y a quelque temps. J'étais son témoin. Jamais je ne m'étais sentie aussi proche d'elle, j'étais ravie de la voir si belle et si heureuse. Ce jour-là, toutes les tensions exprimées et les non-dits avaient disparu comme par enchantement.

Ces liens familiaux, tissés par le temps, les conflits, les moments de bonheur, sont aussi complexes que mystérieux. S'y mêlent les incidents les plus insignifiants et les plus marquants, pour former un puzzle qui n'a de sens que pour nous. Les frères et sœurs sont les seules personnes au monde que l'on suive, pour ainsi dire, du berceau à la tombe. Ce sont également les seules qui connaissent toutes vos facettes et vous ont vu forger la personnalité qui est la vôtre aujourd'hui. Ils ont assisté, de bout en bout, au laborieux processus de la croissance et de la maturité. Vos amis d'aujourd'hui, eux, ont manqué les plus beaux épisodes : ils ne vous ont pas vu vous débattre avec votre première cuillère, le pot et les lacets de vos chaussures ; vous leur avez épargné vos babils inaudibles et incompréhensibles, vos graffitis sur les portes et votre délicatesse embryonnaire. Ils ne savent rien de vos jeux d'enfant, du ver de terre que vous aviez caché dans les chaussettes du grand frère ni de la réception incongrue que vous avez réservée au premier petit copain de votre sœur. Il y a tout un pan peu reluisant de votre histoire que vous pouvez leur dissimuler. Vos frères et sœurs, eux, savent tout, ont tout vu, tout entendu. Ils n'ont rien oublié, et vous non plus. Trente ans plus tard, ils peuvent encore vous faire chanter, si le cœur leur en dit. Et inversement ! Quand je vous disais que quand on est frères et sœurs, c'est pour la vie !

BIBLIOGRAPHIE

Brazelton, T. Berry, *A ce soir… Concilier travail et vie de famille* (Paris, Stock, 1986)

—, *Ecoutez votre enfant.* (Paris, Payot 1992)

Faber, Adèle & Elaine Marlish, *Jalousies et rivalités entre frères et sœurs : comment venir à bout des conflits entre vos enfants* (Paris, Stock, 1989)

Klagsbrun, Francine, *Frères et sœurs pour le meilleur et pour le pire* (Paris, Bayard Editions-Centurion, Bayard, 1992)

Krueger, Caryl, *365 façons d'aimer votre enfant.* (Paris, Marabout, 1995)

Lansky, Vicki, *M'man, j'ai faim* (Paris, Héritage, 1994)

Lieberman, Alice, *Vie émotionnelle du tout petit* (Paris, Odile Jacob, 1997)

Samalin, Nancy, *Conflits parents-enfants* (Paris, Flammarion, 1996)

—, *Savoir l'aimer, savoir l'entendre* (Paris, J'ai Lu, 1994)

Satir, Virginia, *Pour retrouver l'harmonie familiale* (Edition universitaire, Collection « Thérapies », 1980)

—, *Thérapie du couple et de la famille* (Desclée de Brouwer, 1995)

Swigart, Jane, *Le mythe de la mauvaise mère* (Paris, Laffont, collection « Réponses », 199).

Taffel, Ron, *Maman a raison, papa n'a pas tort* (Paris, Éditions de l'Homme, 1996)

Turecki, Stanley, *Comprendre l'enfant difficile* (Paris, Stock, 1987)

Wallerstein Judith & Joan Kelly, *Pour dépasser la crise du divorce* (Paris, Privat, 1989)

Weinhaus, Evonne & Karen Friedman, *Comment communiquer avec votre enfant* (Paris, Éditions de l'Homme, 1990)

REMERCIEMENTS

Je tiens en premier lieu à remercier les véritables spécialistes du sujet : les parents eux-mêmes. Ma gratitude va notamment aux participants de mes séminaires, dont certains m'accompagnent depuis des années. Qu'ils sachent combien leur perspicacité, leur ouverture d'esprit et leur enthousiasme m'ont encouragée et inspirée. Je suis particulièrement reconnaissante à tous ceux qui ont bien voulu prendre sur leur temps précieux pour remplir les huit pages de mon questionnaire. Sans leur générosité et leur volonté de faire partager leur expérience, cet ouvrage ne pourrait prétendre apporter à d'autres parents attentionnés autant d'idées et de propositions pour surmonter les moments difficiles. Je ne peux ici les citer nommément, mais je sais qu'ils se reconnaîtront d'eux-mêmes.

J'ai eu la grande chance de bénéficier des conseils éclairés et du soutien permanent de mon éditrice, Wendy McCurdy qui, tant par sa compétence professionnelle que par sa sensibilité de mère de famille, a activement contribué à nourrir cet ouvrage.

Que soit également remerciée Catherine Whitney, plume de talent, dont j'apprécie la clarté, l'immense patience et l'infinie flexibilité. Travailler avec elle est un plaisir autant qu'un privilège.

Mon agent littéraire, Jane Dystel, a toujours su se rendre disponible malgré un emploi du temps très chargé. Qu'il me soit permis de saluer son professionnalisme et sa parfaite connaissance du monde de l'édition.

Un grand merci à Ann Bank, Zel Hopson, Patricia McCormick, Todd Samalin, Dr. Ron Taffel et Julie

Walsh, qui ont bien voulu relire mon manuscrit et y apporter leurs commentaires.

Grâce au magazine Parents, entièrement consacré au bien-être des parents et de la famille, qui a la gentillesse de m'ouvrir ses colonnes, il m'a été donné de travailler avec Ann Pleshette Murphy, sa rédactrice en chef. Je suis particulièrement redevable à son adjointe, Wendy Schuman, qui soutient mon travail depuis plusieurs années, a lancé ce projet et m'a constamment encouragée à le mener à bien. C'est à Lou Aronica que je dois l'idée de ce livre.

Toute ma reconnaissance va à Marty Edelson, qui m'a invitée à rejoindre l'aréopage d'experts de son excellent magazine BottomLine\Personal, et à son brillant collaborateur Marc Myers.

Je tiens à adresser ma gratitude à Barbara et Don Colorosi, de chez Kids Are Worth It, à Jim Trelease, de Reading Trees Productions, et au Dr. Larry Kutner, de la faculté de médecine de Harvard : ces conférenciers et auteurs de talent ont eu la générosité de m'accorder du temps et de me prodiguer leurs conseils judicieux tout au long de ce projet.

Parmi les nombreux collègues et professionnels avec lesquels j'ai eu l'occasion de travailler, ceux dont les noms suivent méritent une mention spéciale : Marcia Burch, des éditions Penguin, ainsi que Debbie Yautz et Jean Arlotta ; Arlynn Greenbaum, de Authors Unlimited ; Zel Hopson, de la Nanaimo Family Life Association ; Sandra Levy, de SSA ; Hal Morgan, de Work/Family Directions ; Suellen Newman et ses élèves de la Hudson School ; Larry Rood, Leah Curry Rood et l'ensemble du personnel de Gryphon House ; Bob Wolf et ses collègues de Chiat/Day, notamment Dave Butler et Fred Rubin ; et Eileen Wasow, doyen adjoint du Bank Street College of Education.

Janet Schuler et Al Fariello m'ont apporté leur précieux concours pour rassembler et organiser la documentation et transcrire les enregistrements. Que soient également remerciées Jane Harrison et Maria Pereira, qui ont gracieusement accueilli chez elles plusieurs séances de travail avec les parents.

Je voudrais encore profiter de cette occasion pour rendre hommage aux nombreux amis et collègues qui ont marqué ma vie et mon travail, et tout particulièrement le Dr Lawrence Balter, Arlette Brauer, Linda Braun, Ann Caron, Elizabeth Crary, Susan Ginsberg, Barbara Hemphill, Ruth Hersh, Joan et James Levine, Andrea Kiernan, Vicki Lansky, Stephania McClennen, Florence Mitchell, le Dr Ildiko Mohacsy, le Dr Alvin Rosenfeld, Judy Snyder, Jean Soichet, Mary Solow, Lydia Spinelli, le Dr Ron Taffel, Marvin Terban, Len et Marilyn Weinstock et Ira Wolfman.

Je ne saurais terminer sans exprimer ma gratitude à ma famille, qui tient une place essentielle dans ma vie : ma mère, Liz Kaufmann qui, par sa joie de vivre et son attitude positive reste si jeune d'esprit et si énergique et m'a offert un incomparable modèle maternel ; ma belle-mère, Ruth Hettleman, hégérie des valeurs éducatives, qui s'est toujours montrée d'une grande générosité et nous a apporté, à nous et à nos fils, un soutien permanent. Enfin, à ma sœur Ellen et à mon frère Tom, qui m'ont tant appris sur les joies et les difficultés des relations entre les oisillons d'une même couvée !

Je dédie ce livre à la mémoire de mon frère bienaimé, Tom Hettleman.

Cet ouvrage a été réalisé par la
SOCIÉTÉ NOUVELLE FIRMIN-DIDOT
Mesnil-sur-l'Estrée
pour le compte des Éditions Flammarion
en mai 1999

CET OUVRAGE A ÉTÉ COMPOSÉ
PAR LES ÉDITIONS FLAMMARION

Imprimé en France
Dépôt légal : septembre 1997
N° d'édition : FF 102204 - N° d'impression : 46690